Carl-Zuckmayer-Medaille
des Landes Rheinland-Pfalz 2006
ARMIN MUELLER-STAHL

Carl-Zuckmayer-Medaille
des Landes
Rheinland-Pfalz 2006

# ARMIN MUELLER-STAHL
Eine Würdigung

Brandes & Apsel Verlag

Die vorliegende Publikation ist das dreizehnte Heft einer Reihe, in der die
Verleihung der Carl-Zuckmayer-Medaille dokumentiert wird.
Die Herausgabe wird unterstützt aus Mitteln der Stiftung
Rheinland-Pfalz für Kultur.
Herausgeber: Der Ministerpräsident des Landes Rheinland-Pfalz
Bearbeitung: Thomas Daum und Karl-Friedrich Geißler
Die Carl-Zuckmayer-Medaille wurde von Otto Kallenbach
entworfen (Repro Carl Nikolaus, Mainz).

2007
Alle Rechte vorbehalten
© Brandes & Apsel Verlag GmbH, Frankfurt a.M.
sowie bei den Autoren
Fotos: Angelika Stehle, Mainz (Veranstaltungsfotos),
Werner Bartsch, Hamburg (Titelfoto), Ullstein Bilderdienst (S. 30),
Privatarchiv Armin Mueller-Stahl
Gesamtherstellung: Printec, Kaiserslautern
ISBN 978-3-86099-865-6

# Inhaltsverzeichnis

*Ministerpräsident Kurt Beck:* Wir ehren Armin Mueller-Stahl     7

*Björn Engholm:* Laudatio auf Armin Mueller-Stahl     13

*Armin Mueller-Stahl:* Rede zur Verleihung
der Carl-Zuckmayer-Medaille     23

Texte von Armin Mueller-Stahl
„Das Heft schob ich unter die drei Bücher..."     *33*
„Ich wettete mit meinem Freund..."     *41*
Welcome home     *48*
Randnotizen     *58*

Biographische Notiz, Filmographie
und Werkverzeichnis Armin Mueller-Stahl     63

Carl-Zuckmayer-Medaille: Jury, Preisträger     *70*

## *Ministerpräsident Kurt Beck*
## Wir ehren Armin Mueller-Stahl

Meine sehr geehrten Damen und Herren, gemeinsam mit meinen Kolleginnen und Kollegen aus dem rheinland-pfälzischen Parlament, der Landesregierung und mit meiner Frau heiße ich Sie heute Abend alle sehr herzlich willkommen zur 27. Verleihung der Zuckmayer-Medaille. Wie anders hätten wir Sie im Mozartjahr musikalisch begrüßen können als mit Mozart und hier in Mainz mit dem Ensemble unserer Villa Musica. Es ist dem Land Rheinland-Pfalz eine große Verpflichtung, dass uns die Witwe von Carl Zuckmayer die ehrenvolle Aufgabe übertragen hat, in seinem Sinn Verdienste um die deutsche Sprache zu würdigen. Das will die Verleihung der Zuckmayer-Medaille leisten, und ich denke, dass wir in diesem Jahr auf Vorschlag der Jury wieder einen Preisträger auszeichnen können, der diese Würdigung in hohem Maß verdient. Es ist mir eine ganz besondere Freude, den Preisträger des Jahres 2006, Herrn Armin Mueller-Stahl, und seine verehrte Gattin unter uns willkommen heißen zu dürfen. Ich grüße ihn und die Freundinnen und Freunde, die er mitgebracht hat, sehr herzlich, und zu diesen Freunden darf man sicher auch den Laudator dieses Abends zählen. Ich begrüße sehr herzlich meinen Kollegen außer Diensten, Björn Engholm. Herzlich willkommen, lieber Björn. Ich bin sicher, dass wir kaum einen besseren Laudator hätten finden können – einen Mann, der es sich auch in den Jahren, in denen er in den Alltagszwängen, Terminnöten und sonstigen Nöten der Politik gesteckt hat, nie hat nehmen lassen, für die Kunst Zeit zu finden und der sich immer für die Künstler eingesetzt hat.

Zu den Besonderheiten dieser Zuckmayer-Preisverleihung gehört es, dass wir den Kontakt zu den Preisträgerinnen und Preisträgern halten. Und viele haben uns grüßen lassen, aber am schönsten ist es natürlich, wenn frühere Preisträger sich die Zeit nehmen können, hierher zu kommen. Und so grüße ich sehr herzlich Herrn Dr. Fred Oberhauser, der 1994 den Zuckmayer-Preis bekommen hat, und seine liebe Gattin. Lieber Herr Dr. Oberhauser, Sie sind unser Freund, ich darf dies so sagen, schön, dass Sie da sind.

Wenn man heutzutage das Wort Heimat ausspricht, dann hat es nicht nur einen sehr persönlichen Klang, sondern es erinnert auch an ein großes Werk, an ein Filmepos und an den Mann, der dahinter steht. Ich begrüße sehr herzlich den Preisträger des Jahres 2004, Herrn Professor Edgar Reitz. Von denen, die nicht kommen können, hat es einem, wie er mir heute in einem Brief mitgeteilt hat, besonders Leid getan, in diesem Jahr ausnahmsweise nicht dabei sein zu können, nämlich Mario Adorf. Er versichert uns alle seiner besonderen Verbundenheit und schreibt auch, lieber Herr Mueller-Stahl, dass er sein Fernbleiben deshalb so bedauert, weil er schon sehr gerne bei Ihrem 75. Geburtstag dabei gewesen wäre und ihm schon da die Drehtermine einen Strich durch die Rechnung gemacht haben. Ich darf auch sehr herzlich die Damen und Herren Abgeordneten des Bundestages und des Landtages willkommen heißen und ebenso die Repräsentantinnen und Repräsentanten der Stadt Mainz und vieler anderer kommunaler Gebietskörperschaften. Es ist uns eine Ehre, dass der höchste Richter unseres Landes, Herr Professor Meyer, unter uns ist. Und ich begrüße diejenigen, die sich um das Erbe von Carl Zuckmayer bemühen, die Repräsentanten der Zuckmayer-Gesellschaft ebenso wie die Jury, die diese Veranstaltung vorbereitet und die Entscheidungen dazu trifft. Dass wir heute Abend hier im Staatstheater in Mainz zusammenkommen können, hat das auch damit zu tun, dass dessen Intendant, Herr Delnon, dieses immer wieder ermöglicht. Wir wünschen Ihnen für die Zukunft alles Gute und bedanken uns noch einmal für all das, was Sie für das Theaterleben in Mainz geleistet haben. Es ist eine ganze Reihe von Kulturschaffenden unter uns. Wenn ich stellvertretend Herrn Dr. Dieter Wedel willkommen heiße, dann auch deshalb, weil er mit der Initiative, die Nibelungenfestspiele im benachbarten Worms unter freiem Himmel zu inszenieren, einen ganz besonderen Beitrag zum kulturellen Leben dieses Landes leistet.

Meine Damen und Herren, man sucht, wenn der Vorschlag für einen Preisträger kommt, auch immer nach einem Bezug zu dieser Stadt, zu diesem Land und vor allem zu Carl Zuckmayer. Carl Zuckmayer und Thomas Mann haben sich gekannt. Und Sie haben uns, Herr Mueller-

Stahl, durch Ihre Darstellungskunst die Persönlichkeit Thomas Manns nähergebracht. Sie haben mit Ihrer Rolle des Thomas Mann in der vielbeachteten Fernsehtrilogie über das Leben des großen Schriftstellers eine schauspielerische Meisterleistung geboten. Thomas Mann und Carl Zuckmayer – das war eine besondere Art des Sich-Schätzens, und vor 80 Jahren, 1926, sind sie sich hier in Mainz auch begegnet. Man weiß nicht genau, ob sie früher schon einmal in der Schweiz zusammengetroffen sind, aber diese Mainzer Begegnung 1926 ist verbrieft. Zuvor hatte die Erstaufführung von Zuckmayers „Fröhlichem Weinberg" hier im Mainzer Theater stattgefunden. Es gab Empörung und Proteste wegen der drastischen Sprache und der naturalistischen Darstellung Rheinhessens, Zuckmayer musste den Zorn seiner rheinhessischen Heimat auf sich nehmen. Thomas Mann erklärte ihm diese Ablehnung. Er sagte ihm, wie Zuckmayer in seinen Lebenserinnerungen notiert, „das gehe jedem so, der sich unterfange, seine heimische Welt ohne Retusche darzustellen: Die Menschen möchten sich nicht so sehen, wie sie sind, sondern wie sie zu sein wünschen. Er selbst sei 25 Jahre lang der ungeratene Sohn von Lübeck gewesen. Später werde man dann einmal zum Ehrenbürger ernannt." Und Carl Zuckmayer bemerkt dazu in seinen Erinnerungen: „So ist es schließlich auch gekommen."

Gestatten Sie, sehr geehrter Herr Mueller-Stahl, dass ich für diejenigen unter uns, die Ihre Biografie noch nicht kennen, kurz an Ihre Lebensdaten erinnere. Sie wurden 1930 in Tilsit geboren. Als Konzertgeiger und Musiklehrer ausgebildet, waren Sie von 1954 bis zu Ihrer Ausreise aus der DDR Mitglied des Ensembles der Ost-Berliner Volksbühne und zugleich einer der meistbeschäftigten Schauspieler der DEFA. Was die meisten unter uns nicht wissen: Der zweite Teil Ihrer Karriere, nun in der Bundesrepublik, begann 1979 hier in Mainz, mit dem ZDF-Fernsehspiel „Die längste Sekunde". Mit Rainer Werner Fassbinders „Lola", 1981, wurden Sie zum gefragten Charakterdarsteller. In einem Alter dann, in dem manche an den Ruhestand denken, begannen Sie, zu Beginn der 90er Jahre, Ihre dritte Karriere – und zwar in Hollywood. Bis heute haben Sie auf beinahe allen Kontinenten gedreht und können auf rund 120 Kino- und Fernsehfilme zurückblicken. Die Rolle Ihres Lebens spielten Sie jedoch, wie Sie selbst sagen, in Deutsch-

*Oben: Ankunft im Mainzer Staatstheater; Armin Mueller-Stahl und Ehefrau Gabriele Mueller-Stahl; unten: Ministerpräsident Kurt Beck mit dem Preisträger und Frau Mueller-Stahl sowie dem Laudator Björn Engholm*

land: in Heinrich Breloers dreiteiligem Fernsehfilm „Die Manns – Ein Jahrhundertroman". Die Frankfurter Allgemeine Sonntagszeitung nannte Sie wegen Ihrer überragenden Leistung zu Recht einen „Jahrhundert-Schauspieler".

Ich freue mich, dass ich heute einen vielseitigen Künstler mit der Carl Zuckmayer-Medaille auszeichnen kann. Er hat sich nicht nur als international anerkannter Schauspieler große Verdienste um die deutsche Sprache erworben. Armin Mueller-Stahl hat auch Herausragendes geleistet als Autor, Maler, Zeichner, Regisseur und Musiker.

Der Zuckmayer-Preis besteht aus der von Otto Kallenbach entworfenen Medaille, aber schon seit Beginn der 1978 gestifteten Ehrung sollte auch eine besondere Neigung von Carl Zuckmayer aufleben dürfen, nämlich seine Liebe zum Nackenheimer Riesling. Deshalb gehört zu diesem Preis auch ein Fass Wein von hervorragender Qualität, wie er in Rheinhessen erzeugt wird – die Winzer sind heute unter uns, ich grüße Sie, guten Wein zu machen ist auch ein Stück Kultur. Carl Zuckmayer hat sinngemäß gesagt, wenn man zuviel davon trinke, könne das ein Teufelszeug sein, aber wenn man damit umzugehen wisse, sei es wirklich ein Geschenk des Himmels.

Sehr geehrter Herr Mueller-Stahl, ich darf Sie nun zu mir bitten und Ihnen die Urkunde überreichen.

In Anerkennung der Verdienste um die deutsche Sprache wird im Andenken an Carl Zuckmayer Herrn Armin Mueller-Stahl die Carl-Zuckmayer-Medaille verliehen.

## *Björn Engholm*
## Laudatio auf Armin Mueller-Stahl

Herr Ministerpräsident, liebe Mueller-Stahls, meine Damen und Herren. Eine Zuckmayer-Ehrung in der Stadt Mainz, das setzt viele Erinnerungen frei. Die zurückliegendste und tiefste Erinnerung ist die an einen Herrn namens Gensfleisch, den man später Gutenberg nannte und in dessen Geist ich Jünger der schwarzen Kunst wurde; meine erste Profession war Schriftsetzer. An Carl Zuckmayer selbst, dessen Lebensweg mich berührt hat und der mir, ich sage das mit aller hanseatischen Zurückhaltung, in jungen Jahren weit zugänglicher war als das Werk unseres Lübecker Ehrenbürgers Thomas Mann; an Carl Zuckmayer, dem ich mich natürlich auch im Weine verbunden weiß. An meinen langjährigen Bundestagskollegen und Freund, Hugo Brandt, den Älteren noch ein Begriff, der zu den Besten der politischen Zunft in Deutschland gehörte, und der ein Zuckmayer-Verehrer war. Erinnerungen an Preisträger: an Hanns Dieter Hüsch, dessen großer Kleinkunst wir nachgerade verfallen waren, bis tief in die Winkel des „unterhauses" hinein; an Dolf Sternberger, der mit Geisteskraft und Sprachkraft zu unseren Aufklärern zählte; an Peter Rühmkorf, dem ich bis heute mit Jazz und Lyrik in die tiefen Gefilde von Skylla und Charybdis folge (und wenn Sie die Chance haben, das mal zu sehen, wie Rühmkorf mit einem Glase in der Hand, in dem sich nicht Wasser befindet, notwendigerweise, über diese Gefilde von Skylla und Charybdis redet: wundervoll); an Günter Strack, dessen Frankenwein ich genossen habe und dem mein rüder Kiedricher Riesling denn doch eher zu schaffen machte; an Edgar Reitz, dessen „Heimat" wir oft, im Wechsel etwa mit Peter Turrinis „Alpensaga", begierig aufgesogen haben. In der langen Reihe der Geehrten nun Armin Mueller-Stahl zu wissen, ist schon deshalb eine besondere Freude, verbringt er doch mindestens die Hälfte eines Jahres an den Gestaden des Mare Baltikum in der Nähe von Lübeck, die andere Hälfte an jenen des Pazifik in Kalifornien.

Begegnet sind wir uns rundum vor 30 Jahren, auch in der Lübecker Bucht, und um der Wahrheit die Ehre zu geben, bei einem Grappa, genauer gesagt, es waren wohl doch mehrere Grappe. Nach dem Kater am nächsten Morgen, der zwangsläufig folgte, war mir gegen Mittag klar: Ich hatte die Bekanntschaft eines ganz ungewöhnlichen Künstlers gemacht. Übrigens eines Künstlers, der mit Ehrungen seine besonderen Erfahrungen hat. In seiner neuesten großen Erzählung „Venice" findet sich eine Anekdote über die Verleihung des Bayrischen Filmpreises für „Die Manns" durch den Ministerpräsidenten unseres südlichen Alpenlandes. Mueller-Stahl dankt mit feiner Ironie, derer er fähig und die nie verletzend ist, also eher einer gewissen Art von Selbstironie. Er wisse nicht, ob der Preis, der ihm verliehen werde, nur dem Alter geschuldet sei oder vielleicht doch der Leistung. Zitat Mueller-Stahl: „Der Ministerpräsident reagierte schroff und zeigte mir seine Missachtung, indem er mich keines Blickes mehr würdigte. Nun gab ich Acht, wie man sich denn verhält, um sich des Wohlwollens eines Ministerpräsidenten zu versichern. Die meisten meiner Kollegen begannen ihre Dankesworte mit: Sehr verehrter Herr Ministerpräsident, sehr verehrte Frau Stoiber. Gabi (die Ehefrau) sah mich an und sagte: Siehste! Hast ja Recht, sagte ich zu Gabi, ich bin eine Dankesniete, ein Versager schlimmsten Kalibers." Herr Ministerpräsident, Sie wissen, was heute auf Sie zukommt!

Das Leben Mueller-Stahls nachzuzeichnen ist nicht sehr leicht. Es ist so voller Stationen, so voller Ereignisse, Erlebnisse, Höhepunkte und Schattenseiten auch, dass sich eine Beschränkung auf wenige Lebensstationen gebietet, einige von ihnen haben Sie in dem kurzen Film auch schon gesehen.

Er erblickt 1930 das Licht in Tilsit, in einer Familie, die Liebe zu Theater und Musik pflegt und die noch vor Kriegsende ins Brandenburgische siedelt. Der Vater verstirbt in den letzten Kriegstagen im Lazarett, er selbst entkommt einer rotarmistischen Lebensbedrohung. Das prägt, doch verbittert hat es ihn nicht. Am Stern'schen Konservatorium zu Berlin studiert er ab 1949 Musik und tritt später auf internationalen Bühnen als Violinist auf. 1951 beginnt der Schauspielunterricht, parallel entstehen die ersten Bildarbeiten, von denen nicht mehr sehr viele erhalten sind. 1952 die ersten Engagements am Schiffbauer Damm, ab 1953 dann, für über fünfundzwanzig Jahre, jene an der Volksbühne Berlin, ab 1955 Filmrollen. Mehr als dreißig Mal steht

Armin Mueller-Stahl in der DDR vor der Kamera, bevor er 1976 den Protest gegen die Biermann-Ausbürgerung unterschreibt. Und als er nach zweieinhalb Jahren des repressiven Totschweigens das Land verlässt, verliert die DDR einen ihrer großen Schauspielstars. Er sagt später: „Lieber einen Knick in der Karriere hinnehmen als im Rückgrat." Mueller-Stahl beginnt im Westen eine beispiellose zweite Karriere. Seine großen, anhaltenden und auch noch die jüngsten Erfolge basieren, wie Kurt Beck es gesagt hat, auf Sprache. Auf Sprache allerdings in einem ganz weiten, einem umfassenden, das Linguale sprengenden Sinne, auf der Fähigkeit, sich verbal wie nonverbal, in Wort und Text, in Mimik und Gestik, in Tönen und in Bildern gleichermaßen auszudrücken. Was ich zu würdigen habe, ist mithin nicht Sprache im klassischen Sinne, sondern eine außergewöhnliche Vielfalt von Ausdrucksformen. Wenn Sie so wollen, würdige ich Mehrsprachigkeit.

Am vertrautesten, optisch immens präsent, ist Mueller-Stahl durch sein Filmschaffen. Einige Ausschnitte haben wir gesehen. „Nackt unter Wölfen", „Jakob, der Lügner", „Lola", „Oberst Redl", „Music Box", „Avalon", „Kafka", „Night on Earth", „Die 12 Geschworenen", „Shine" und andere: sie sind ein cineastisches Muss, und seit seiner Glanzrolle als dieser unbeschreiblich soigniert intellektuelle Nobelpreisträger in den „Manns" läuft er neuerlich Gefahr, seine Identität zu verlieren. Wir stehen kürzlich auf dem Marktplatz zu Lübeck, drei oder vier Damen aus Ostwestfalen-Lippe, die mich etwas misstrauisch beäugen, so nach dem Motto: Den haben wir mal ganz früher gesehen, ein Fossil. Während der Zeit überquert Mueller-Stahl den Lübecker Marktplatz Richtung St. Marien. Die Dame aus Ostwestfalen links von mir, völlig aufgelöst, fängt an zu rufen und sagt: „Das ist er: Thomas Mann!"

Über 80 Rollen hat er im Westen mit Leben erfüllt, in deutschen, in anderen europäischen, in südafrikanischen, australischen und – eine enorme Ausnahme für deutsche Darsteller – in US-amerikanischen Produktionen. Was uns als Zuschauer am Schauspiel fasziniert, ist sowohl die Wortsprache, das differenzierte Spiel mit Lautstärke, mit Lauthöhe und Tiefe, mit Rhythmik und Tempo, mit den Worten gleichsam als einem musikalischen Instrument. Aber ebenso ist es im Schauspiel die Körpersprache, die Mimik, die Gestik, die Haltung von Arm und Bein, von Schulter und Kopf, der Zug der Mundwinkel, die Stellung der Augen, also der Emotionsträger Körper, der Zu- wie Abneigung signalisieren kann, Angst und Wut, Gier und Sehnsucht, Liebe, Hass, Hoffen und Zweifeln - und das, ohne ein einziges Wort zu gebrauchen. Die große russische Theaterlegende Stanislawski hat gesagt, es käme darauf an, bei jedem Auftritt auf einer Bühne oder vor einer Kamera keine allgemeine Handlung, sondern jeweils eine wahrhaftige menschliche Handlung zum Ausdruck zu bringen. Dies ist es, was wir in den genannten und anderen Filmen wiederfinden und was uns in den Bann schlägt.

Wer, wie Mueller-Stahl, alle diese Elemente von Wort und Körpersprache zu eben jenem Gesamtausdruck zu verschmelzen weiß, der findet wunderbare Regisseure, ganz früh Frank Beyer, dann Costa-Gavras, Fassbinder, Kluge, Schlöndorff, De Palma, Jarmusch oder Andrzej Wajda. Er spielt mit Partnern wie Adorf, Brandauer, Bisset, Clooney und Douglas, Goldberg und Guinness, Hagen, Krug und Kidman, Malkovich, Mattes, Schygulla oder Thalbach. Und er erhält, was er für dieses Schaffen verdient, unter anderem Bundesfilmpreise, den Silbernen Bären, die Berlinale Kamera, den Chaplin-Schuh, einen Golden Satellite, einen Emmy und, ich glaube, insgesamt vier Oscar-Nominierungen.

Ende der 70er Jahre beginnt er konzentriert literarisch zu arbeiten. 1980 erscheint „Verordneter Sonntag", eine berührende Beschreibung jener bleiernen Zeit der letzten Jahre des Nichts-Tun-Dürfens, der Kälte und der Isolation in der DDR. In „Unterwegs nach Hause" kommen die Erinnerungen an Kindheit und Familie, an Krieg und Nachkriegszeit in Ostpreußen und Prenzlau hoch einfühlsam zu Tage. Die „Gedanken an Marie-Louise" sind eine psychologisch-raffiniert-verschachtelte und mit feinem Humor bereicherte Geschichte. Der bebilderte Textband „Rollenspiel" zeigt einerseits die Bewunderung für Thomas Mann, auf der anderen Seite aber auch jene wunderbar differenzierte Distanz, ist also frei von Verklärung. Mueller-Stahl schreibt: „Fünf Monate für diesen Film war ich Thomas Mann, der ich nicht gerne 80 Jahre gewesen wäre." „Hannah", die vorletzte Veröffentlichung, rankt sich um das Schicksal einer jungen Virtuosin, reflektiert Liebe und Tod, Lüge und Wahrheit und immer wieder die Neigung zur Musik. Und schließlich der jüngste Prachtband, „Venice – Ein amerikanisches Tagebuch", enthält eine mit zahlreichen Zeichnungen bereicherte Geschichte, die mit der Wette eines Schauspielers beginnt, dass jede Person auf der Straße gut sei für einen Filmstoff; daraus entwickelt sich eine fein gesponnene Geschichte mit zahlreichen zeitgenössischen, aber auch aus den dunklen Jahren deutscher Geschichte resultierenden Bezügen.

Vieles im literarischen Schaffen Mueller-Stahls trägt biografische Elemente; manches ist autobiografisch unterfüttert, nur weniges ist direkte Autobiografie. Die eigene Geschichte ist Mueller-Stahl Stütze, mehr zu erzählen, als nur über sich selbst. Persönliches Erleben und Empfinden paaren sich mit Zeitereignissen und Elementen einer narrativen Fiktion. Als abgewogene Schnittmenge zwischen Fakten, Reflexionen und fiktionalen Elementen geraten diese Geschichten nie ins Spekulative, sind weit entfernt von modischer Autofiktion, die uns heute überflutet, sie bleiben authentisch – und diese Authentizität ist ein Markenzeichen des Künstlers Mueller-Stahl.

Skizziert, gemalt hat Mueller-Stahl seit jungen Jahren immer wieder. Aber erst im letzten Jahrfünft ist er auch einer breiten Öffentlichkeit zugänglich geworden. Angeregt durch seinen Lübecker Kunstverleger Gaulin und dessen Frau, sind in den vergangenen Jahren eine ganze Fülle von lithografischen und malerischen Zyklen entstanden. Ich nenne nur zwei oder drei von ihnen, um Sie neugierig zu machen, sich selbst mit diesen Zyklen auseinanderzusetzen. Der Werkkomplex „Hamlet in Amerika" markiert mit einem sehr reduzierten zeichnerischen Strich das Schicksal tausender Schauspieler, die ausgebrannt, weggemustert, jenseits der laufenden Bilder, jenseits der Glamour-Welten in Altersheimen dahinsiechen. Es sind Bilder zwischen Groteske und Wahnsinn, von Wehmut und Apathie, sie widerspiegeln gleichsam das große Wort von Hamlet: „The rest is silence". Der Urfaust-Zyklus umreißt zeichnerisch-poetisch das faustische Grundthema, der Mensch zwischen diesem ewigen Freiheitsdrang hier und den Realitätszwängen dort, zwischen Himmelhochjauchzen und Todbetrübnis. Und auch der mit über 100 Arbeiten größte Werkkomplex „Venice" kündet von den Klüften zwischen Anspruch und Wirklichkeit, Hoffen und Verzweifeln, Schönheit und Verfall am Jahrmarkt der Eitelkeiten in Venice Beach.

Ob diese Zyklen, ob die zum Jarmusch-Film „Day on Earth – Night on Earth" entstandenen Lithografien oder Malereien, ob die Acrylhommagen an die Tongiganten von Brahms bis Carl Maria von Weber: Menschen wie Situationen werden von Mueller-Stahl sorgfältig abgetastet auf das Wesentliche, auf ihren Gehalt, ihren Kern, und mit sparsamem, manchmal gar minimalistischem Strich eingefangen. So entstehen Bilder, die zwar dem Realen verbunden sind, ohne es wirklich natural abzubilden, Bilder, die von mehr künden als von ihrem Gegenstand, und solche Bilder werden zu autonomen Bildwelten, die über den jeweiligen Gegenstand hinaus Gültigkeit besitzen.

Und schließlich, auch wenn nur selten öffentlich zu hören, ich glaube, zuletzt auf der 75. Geburtstagsfeier in Leipzig, ist Mueller-Stahl bis heute in der Universalsprache Musik zu Hause. Bach hat er in Konzerten gespielt, Mozart natürlich, Beethoven, Martinu ist ihm nahe und Caesar Franks Violinensonate, ich nehme an, die Eugène Ysaye gewidmete A-Dur-Sonate, liebt er von Herzen. Mit eigenen Liedern und Chansons hat er früh reüssiert, und, das muss hinzugefügt werden, der kleinen, feinen Musikhochschule in Lübeck dient er, wann immer er kann, als Beirat, in diesem Falle erfreulicherweise unter meinem Vorsitz. Wenn er privat die Geige in die Hand nimmt, so sagt er selbst, hilft sie ihm gelegentlich „Knoten aus der Seele zu streichen". Ein wunderschönes poetisches Bild.

Ob als Schauspieler auf Bühnen oder vor Kameras, ob als Autor am Schreib- oder Musiker am Notenpult, ob als Bildkünstler: mir ist Mueller-Stahl ein beeindruckender mehrsprachiger Erzähler. Die erzählerischen Segmente, sei es in der Darstellung, sei es im Wort, sei es im Text, sei es im Bild, sei es in der Musik, sie sind sich nicht fremd, sie stehen nicht isoliert voneinander; aus der Multiplizität wird in der Zusammenschau eine große, integrierte, eine anmutende Gesamterzählung. Es ist eine Erzählung vom Leben, von der Geschichte des Lebens, von den Geschichten, die Leben schreiben, von Ängsten und Nöten, von Liebe und Abneigung, von Versagen und Erfolgen, und immer wieder geprägt von Nachsicht und Verständnis. Also von dem, was Willy Brandt so unnachahmlich immer mit dem angelsächsischen Wort belegt hat: „compassion", mitempfinden, in allen Situationen des Lebens.

Und ich denke, in dieser sehr unaufgesetzten Humanität ist Armin Mueller-Stahl dem Namensgeber der Medaille eng verbunden. Carl Zuckmayer ließ, allem schlimmen Erleben zum Trotz, immer Verständnis und Gerechtigkeit walten, im Zweifel immer für den Belasteten. Der spät erschienene „Geheimreport" ist dafür ein guter Beleg. Für beide, für Zuckmayer und Mueller-Stahl gilt, was Botho Strauß so direkt und plastisch beschrieben hat: „Was ich auch schreibe, es schreibt über mich. Jedermann kann darin lesen, wie alte Weiber im Kaffeesatz." Bei Zuckmayer und Mueller-Stahl kann man lesen und weiß man, woran man ist. Mir scheinen beide Ethiker, jedoch frei von der Sucht des Besserwissens und Rechthabens, beide Vertreter einer Ethik ohne Imperativ, ohne den ständig angestrengt erhobenen Zeigefinger: im besten Sinne humanistische Erzähler.

Die Mehrsprachigkeit des zu Ehrenden, seine vielfältigen Ausdrucksfähigkeiten basieren auf einer höchst seltenen ästhetischen Mehrfachbegabung. Aus der Geschichte der Künste sind uns viele Persönlichkeiten bekannt, die mehr als nur ein Talent besaßen: Goethe war Dichter, Denker und Bildkünstler; Cocteau filmte, malte und schrieb; Schwitters dichtete, malte, collagierte, fotografierte; Kokoschka war Maler und Literat; Barlach Dramatiker und bildender Künstler; Günter Grass ist Dichter, Zeichner und ansonsten Mahner. Um keiner szenischen Verengung, also „nur alles Klassische ist besonders wichtig", zu unterliegen, erwähne ich auch Don Van Vliet – ein bedeutender, halbabstrakter, amerikanischer Maler, und mir und manchen Älteren hier als Rockmusiker und Rockpoet Captain Beefheart in lustvoller Erinnerung.

Eine Grenzüberschreitung zwischen vier künstlerischen Disziplinen, wie wir sie bei Mueller-Stahl finden, ist so ungewöhnlich, dass mir auf Anhieb kein zweites Beispiel dafür einfallen will. Und ich denke, dies ist, um es christlich zu sagen, ein wunderbares Geschenk des Schöpfers an ihn und ein wundervolles Geschenk für uns zugleich.

Ein Geschenk wohl auch, das uns immer aufs Neue ins Bewusstsein ruft, welche Bedeutung Sprache und nichtsprachlicher Ausdruck tragen. Beide sind Mittel jeder Verständigung. Sie sind Träger und Transmittoren von Informationen und Wissen, sie sind Beweger unserer Gefühle, sie sind Konventionsüberwinder und im besten Sinne sind sie Avantgarden für alles Neue. Wer freie Sprache und Ausdrucksvielfalt biegt, kujoniert oder gar verbietet, wie Zuckmayer und Mueller-Stahl es am eigenen Leibe erfahren haben, der verhindert Verständigung, der vernichtet Kreation, der raubt Menschen letztendlich ihre Identität. Solche Gefahren sind gottlob und hoffentlich auf ewig nicht mehr zu befürchten. Dennoch tun wir gut daran, die Wandlung, der Sprache und Ausdruck unterliegen, sorgsam zu beobachten.

In der technisch-ökonomischen Welt werden zunehmend nur noch Teile der menschlichen Fähigkeiten gefordert, gefördert und belohnt. Insbesondere all die Fähigkeiten, die mit Ratio und Logos zu tun haben, und die schnell verwertbar sind.

Andere Potentiale, wie Intuition, Imagination, Fantasie und Gefühl bleiben, weil ohne konkreten Marktwert, zu wenig genutzt. Die Folge in unseren Tagen ist ein eindimensionales Denken mit entsprechend verengten Ausdrucksformen. Eindimensionalität des Weltzugangs beschert uns auch die mediale Totalität unserer Zeit. Wenn Sie einen erwachsenen Menschen nehmen, berufstätig, so hat er per anno 2000 frei verfügbare Stunden. Auf diese 2000 frei verfügbaren Stunden entfällt alleine via Kabel ein Angebot von etwa 350.000 Stunden laufender Fernsehbilder, dazu Milliarden Internetseiten, Myriaden von elektronischen Spielen und bebilderten SMS und noch vielem anderen mehr. Dass auch der Hörfunk diesen Trends folgt, ist kaum überhörbar. Endloser Mehltau aus dem Äther, fast immer sprachlos, dem man nicht einmal an dem stillsten aller stillen Orte wirklich entgehen kann. Der Jenaer Philosoph Wolfgang Welsch stellt so etwas wie eine schleichende Anästhesierung fest. Sie wissen, Anästhesie ist Ausschaltung der Sinne und der Schmerzen; Welsch stellt dies auch im Ästhetischen allgemein fest: Eine schleichende Ausschaltung der sinnlichen Wahrnehmung durch Überflutung mit Angeboten und Abnahme der Wahrnehmungsfähigkeit heißt zugleich immer auch Zunahme der Sprach- und der Ausdruckslosigkeit. Weshalb wir, wie ich glaube, gut daran tun, der Spracherziehung in der frühen Bildung mehr Aufmerksamkeit zu widmen, und ebenso alle Orte, an denen Sprache und Ausdruck heute noch blühen – und das sind Theater und Film, Bildkunst, Literatur und Musik – ähnlich pfleglich zu behandeln. Kultur, mithin Sprache und Ausdrucksvielfalt, sind überlebenswichtige Nahrungsmittel für Menschen, sind die größte und reichste Ressource, die der Kontinent Europa uns, sozusagen fast kostenfrei, hinterlassen hat, und in Kultur gründet letztlich unsere Identität, der sicherste Hort in Zeiten eines zunehmenden globalen Einerleis. Mir scheint es ratsam, die Kultur pfleglich zu behandeln und sie, wo immer es geht, nicht mit dem Damokles-Rotstift zu bedrohen.

Wenn man in die Jahre kommt, also in gehobenen Jahren, vornehm ausgedrückt, fragt man sich gelegentlich, was einem neben dem sehr Privaten am nachhaltigsten bereichert habe, und kommt fast immer auf die Begegnung mit Menschen, die mehr und anderes wussten als man selbst, die Orientierung gaben, die anregten, von denen zu lernen, denen zu begegnen immer ein Gewinn war und ist. Willy Brandt war mir ein solcher Gewinn in der Politik, Hartmut von Hentig in der Kultur der Bildung, Rühmkorf, Lenz und Grass im Literarischen, Emil Schumacher in der Malerei, Leonard Bernstein in der Musik. Nun auch, regional ganz nahe, von den vielfältigen Gaben des diesjährigen Zuckmayer-Preisträgers Honig saugen zu dürfen, das stimmt mich froh. Lessing hat dereinst ein menschliches und ästhetisches Ideal fixiert. Es setzte auf Überwindung der unheilvollen Trennung von Vernunft und Gefühl und besitzt angesichts der globalen Entwicklung, die wir jeden Tag spüren können, Gültigkeit mehr denn je. Lessing empfahl, mit dem Kopf zu fühlen und dem Herzen zu denken. Armin Mueller-Stahl ist diesem Ideal so nahe, wie Carl Zuckmayer es war. Respekt Herr Mueller-Stahl, Punkt!

# *Armin Mueller-Stahl*
# Rede zur Verleihung der Carl-Zuckmayer-Medaille

Lieber Björn Engholm, ich habe eben, als ich Ihre wunderbare Laudatio gehört habe, gedacht: Den Wein sollte ich mit ihm teilen, nicht brüderlich, christlich, Sie kriegen den größeren Teil.

In einem Fernsehinterview in Los Angeles sagte ich, als ich zum Film „Music Box" befragt wurde, spontan, gewissermaßen aus dem Bauch heraus: „Wenn die Amerikaner die Deutschen in Film und Literatur immer nur als Nazis, als Bösewichte auftreten lassen, schmälern sie ihren Sieg über die Deutschen." Das hat merkwürdig ins Schwarze getroffen. So hörte ich von Kollegen, besonders von meinem Freund Tom Abrams, ich hätte mich „undeutsch" ausgedrückt und ich hätte auch „undeutsch" ausgesehen. Ja, wie sieht man denn „undeutsch" aus? Tom Abrams, den ich lange kenne, Professor an der University Of Southern California, ein Mann mit beeindruckendem Wissen und durchaus deftigem Humor sagte: „Ich werde dir zeigen, wie man ‚deutsch' aussieht, dann weißt du auch, wie man ‚undeutsch' aussieht." Er sagte: „Sieh dir das Plakat an!" In unserem Haus in Pacific Palisades hängt es, ein Plakat mit etwa 200 deutschen Asylanten, die es noch schafften, Deutschland zu entkommen, nicht nur Deutschland vor dem Zweiten Weltkrieg, sondern Deutschland zu allen Zeiten, wegen nicht vorhandener Liebe. Die erste Reihe der Köpfe zeigt Fritz Bauer, Ludwig Meidner, Rudolf Belling, F. W. Murnau, Otto Klemperer, Egon Erwin Kisch, als letzten der ersten Reihe Wolfgang Langhoff, der mich nicht nur in die Schauspielschule aufnahm, sondern mit dem ich sehr viel später Falladas „Unter Wölfen" drehte. Ich finde auf dem Plakat mir bekannte und unbekannte Köpfe, Kollegen wie Therese Giehse, Helene Weigel, Elisabeth Bergner, Lilli Palmer, Conrad Veidt, Carl Zuckmayer und Wolfgang Heinz, mit letzterem spielte ich „Krieg und Frieden", auch war er für kurze Zeit mein Intendant an der Berliner Volksbühne. Dann sehe ich Mies van der Rohe, das frechste Gesicht auf dem Plakat, eine Zigarre im Mund, er blickt dem Betrachter provokativ ins Gesicht, dann Albert Einstein, ohne Zunge, Ernst Bloch, Fritz

Lang. Ernst Bloch blickt sehr kritisch auf Fritz Lang, der seinerseits mit einem Monokelauge sehr kritisch auf Bloch zurückblickt. Berthold Brecht ohne Zigarre, Thomas Mann mit Zigarre, Willy Brandt, Anna Seghers und Paul Dessau, mein Lehrer an der Schauspielschule, der auf dem Plakat den Betrachter anblickt wie auf der Schauspielschule die Schüler. „Mozart ist ein Riese, Beethoven ein Zwerg", sagte er mir, als ich ihm Beethovens F-Dur-Romanze vorspielte. Nein, nein, ich habe seine Ausdrucksweise gemildert. In Wirklichkeit sagte er: „Mozart ist ein Gott, Beethoven ein Arsch!" So drastisch liebte er es gelegentlich sich auszudrücken, und über ihn sagt Heiner Müller in seiner Hommage „Für Paul Dessau": „Er hat sein Leben gelebt und seine Arbeit getan, möge seine Hölle gut beheizt sein, kein lauwarmer Pfuhl, sein Himmel nicht voller Geigen."

Tom Abrams schwieg, betrachtete die Köpfe auf dem Plakat, nach einer langen Pause sagte er leise, als verrate er ein Geheimnis: „Ich sehe die Gesichter hinter den Gesichtern. So sieht man aus, wenn man seine Sprache verloren hat. Wenn man die Sprache verloren hat, hat man sein Leben verloren, ist man auf die Erinnerung angewiesen und die Erinnerung ist eine launische Diva. Sie hebt nur auf, was sie will. Vor allem die Gründe, warum man gezwungen wurde, sein Land zu verlassen." So erinnerte sich wohl auch Carl Zuckmayer. Möge auch seine Hölle gut beheizt sein, kein lauwarmer Pfuhl, aber sein Himmel voller Geigen. Voll mit Wein, Weib und Gesang, er liebte das Leben.

Anfang der 50er Jahre sah ich im Schlossbergtheater „Des Teufels General" mit O. E. Hasse in der Titelrolle. Ach, das war's. „Des Teufels General" wollte ich sein, so gut sein wie O. E. Hasse, der mir mit seiner brüchigen, tiefen Stimme maßlos imponierte. Ich lernte die Rolle, stellte mich vor'n Spiegel und versuchte auszusehen wie O. E. Hasse. Mit dem Gefühl, ihm ähnlich zu werden ging ich ins Schiffbauerdamm-Theater und sprach dem Intendanten, Fritz Wisten, vor. „Was wollen Sie denn vorspielen?" fragte er. „Des Teufels General, Herr Intendant", antwortete ich selbstbewusst. „Was? Für den sind Sie doch viel zu jung mit Ihren zwanzig Jahren." „Zweiundzwanzig, Herr Intendant, außerdem bin ich gut", sagte ich etwas weniger selbstbewusst. „Gut sind Sie? Also gut, spielen Sie vor." Mir wurde bewusst, während ich mich im Spiel bemühte, O. E. Hasse zu werden, dass ich mich mehr und mehr von ihm fortspielte, dass ich meine Ähnlichkeit mit ihm verlor. Hatten Wisten und seine Begleitung über mich, den jugendlichen, milchgesichtigen General des Teufels, etwa gelacht? Ich weiß es nicht. Ich kann es mit Bestimmtheit nicht sagen, aber ich hörte seine Stimme aus dem dunklen Zuschauerraum: „Kommen Sie nächste Woche wieder mit was anderem." Nein, Teufels General habe ich nie spielen dürfen, aber irgendwo in meinem Innern schlummert er noch heute. Als mich Jürgen Flimm vor einigen Jahren fragte, ob ich nicht in seinem Theater spielen wolle, ich könne mir die Rolle aussuchen, dachte ich nach und Flimm sagte: „Warum nicht den Wilhelm Vogt? Den Hauptmann von Köpenick, du bist doch geboren für die Rolle, die ist dir auf den Leib geschrieben. Du bist Tilsiter, er ist Tilsiter und alle berlinernden Hauptmänner von Köpenick sind falsch, verkehrt, er berlinerte nicht, er sprach ostpreußisch." Er sagte zum Beispiel, wenn er am Ende vorm Spiegel steht, nicht etwa: „Junge, Junge, Mensch, ick sehe unglaublich aus. Es is ja, is ja, ick bin ja, ick bin ja jeradezu jelähmt, wie ick aussehe." Nein, er sagte: „Meen Jottchen, meen Jottchen, wie seh ich bloß aus? Ich seh ja so dammlich aus, so erbärmlich dammlich, mein Mantel, dass die Leute mich für'n Hauptmann jehalten haben, die sind ja noch dammlicher als ich. Meen Jottchen, meen Jottchen."

„Und ich habe noch mehr Gemeinsamkeiten mit ihm", sagte ich Flimm. „Ich kenne seine Gefühle." Als er durch die Gänge des Köpenicker Rathauses schlurfte, um an seinen Pass zu kommen, den es da gar nicht gab. Ich hatte ähnliche Gefühle, als ich durch die Gänge des Köpenicker Rathauses schlurfte, um meinen Pass zu kriegen, nämlich den Ausreisepass aus der ehemaligen DDR. Meine schlurfenden Schritte hallten im Gemäuer des alten Rathauses auf den kahlen Steinböden wider, klack, klick, klick. Wie die schlurfenden Schritte des Wilhelm Vogt widergehallt haben mögen. Das Hören der eigenen Schritte schafft einen identischen Gang, schafft identische Gefühle. Ich habe im Köpenicker Rathaus sogar mehr erlebt als Wilhelm Vogt. Ich habe dort geheiratet, was Wilhelm nicht hat. Pause. Lange Pause. Aber nun, auch für Wilhelm bin ich mit meinen Fünfundsiebzig zu alt. Das ist ja das Dilemma, für den einen war ich zu jung, für den anderen zu alt, so ist das Leben. So bekam ich heute die Carl Zuckmayer-Medaille gewissermaßen für vorbei gelebte Leben. Als Würdigung für Rollen, die ich gespielt haben müsste, aber nicht gespielt habe. Und als ich den Thomas Mann spielte, wurde ich in einer Szene, sie spielt im Hotel Dolder in Zürich, von einem Kellner gefragt, ob ein Treffen mit Carl Zuckmayer, der sich ebenfalls im Hotel aufhielte, erwünscht sei. Da winkte Thomas Mann ziemlich barsch ab, nein, Thomas wollte sich mit Carl nicht treffen. So muss ich mich zweimal bei Carl Zuckmayer entschuldigen. Einmal für die Rollen, die ich gespielt haben müsste, aber nicht habe, und für die Ablehnung, für die barsche Ablehnung des Thomas Mann, ihn im Dolder zu treffen, die aber aus meinem Munde kam, in dem Film „Die Manns". Also entschuldige.

Frank Thomas Gaulin, mein Galerist in Lübeck, der meine Malerei und Grafik begleitet, sagte, ich solle doch unbedingt mit einem Gedicht enden, mit dem ich früher in der DDR meine Auftritte beendet hatte und neulich in Dresden auch vorgetragen habe, denn 1979, als ich die DDR verließ, war das der Abschied im „Bärenzwinger", vor Studenten. Es war ein sehr emotionaler Abgang aus der DDR. Ich habe mein Publikum verlassen und mein Publikum, so darf ich glauben, wollte mich gerne noch behalten.

Ick bin schon gaukler über fuffzij jahr

Bin tragöde bin der narr
Bin der bettler bin der keenij
Und ick weene ma een wenij
Doch ick lache wie een kind
Wenn de leute jlücklich sind

Kann nich leiden wenn leute kieken
Wenn ick ma einkoofen jeh
Und ick valleicht noch unrasiert bin
Und een fleck uff meiner hose seh
Und denn sajt son janz sensibler
Im film hat der doch dicket haar
Da kannste nu ma sehn
Im kintopp is nischt wahr

Ick bin schon gaukler über fuffzij jahr

Neulich sajt zu mir die postfrau
Ja, sie ham ja een juten ruf
Doch sajn sie mal ehrlich
Wat machen sie so von beruf?

Samstags sonntags ja das weess ick
Bringen sie die leut zum lachen
Nee ick meine wochentags
Wat sie da so richtiget machen

Ick bin schon gaukler über fuffzij jahr

Jestern steh ick uffm alex
Sajt ne Frau ach bitte ham
Se vielleicht fuer meine tochter
Son hübschet autojramm?

*Armin Mueller-Stahl in „Der Kinoerzähler" (Regie Bernhard Sinkel, 1993).*

Und schon steh ick wieder jrader
Jerader als ick vor et hatte
Schieb in meine rechte schulter
Die nach links verrutschte watte

Kiekt der mann uf seine frau
Dan uff mir mit kühlem blick
Is det nich der Marlon Brandow
Is doch fast jenau so dick

Nee sajt sie een doppelname
Hab vajessen wie der heesst
Wat willste denn een autojramm
Wenn de nich den namen weesst

Und ick denke an die sseiten
Wo denn keener mehr vielleicht kiekt
Und ick denke obs ma innen
Doch am ende etwas piekt?

Kann dann in der nase bohren
So wie jeder andre mann
Keiner zeijt mehr mitm finger
Ob ick das dann leiden kann?

Ick bin schon gaukler über fuffzij jahr

*Vor einem Selbstporträt, 2001*

# Texte von Armin Mueller-Stahl

# „Das Heft schob ich unter die drei Bücher..."

Das Heft schob ich unter die drei Bücher, die auf dem Schreibtisch lagen, die Kassetten legte ich neben den Recorder, Anzug und Unterwäsche in den Schrank. Die Gardine zog ich vors Fenster – die Sonne spiegelte sich auf der polierten Schreibtischplatte, daß es den Augen schmerzte –, und meine Aufzeichnungen, Hannah betreffend, legte ich neben die drei Bücher. Dann schob ich die Kassette mit den Brahms-Sonaten opus 77 und opus 108 in den Recorder, Hannah spielte, für einen Augenblick hörte ich ihr zu. Was für eine wunderbare Geigerin, dachte ich.

Aber jetzt mochte ich sie doch nicht hören, konnte es nicht. Meine Gedanken waren bei Arnold, bei unserem Gespräch, das folgen würde. Ich stellte den Recorder aus, nein, nicht aus, das kriegte ich nicht übers Herz, ich stellte ihn leiser, Hannah sollte präsent bleiben ... Holte Schlafanzug und Reisewecker aus dem Koffer, den ich schloß und in eine Ecke schob, Schlafanzug aufs Bett, Reisewecker auf den Nachttisch, fünf vor vier, bis zum Treffen noch zwei Stunden Zeit. Was tun? Wanderte vom Schlafzimmer ins Bad, bewunderte die edlen Materialien, meist Marmor, auf einem Schemel dekoriert zwei weiße Bademäntel und zwei in Zellophan verpackte Schlupfen oder Pantöffelchen, wanderte zurück in den Wohnraum, blätterte in den hoteleigenen Magazinen, die auf dem Couchtisch pingelig der Größe nach geordnet waren, blätterte, ohne etwas zu lesen oder lesen zu wollen, unbewußtes Blättern ... Da bei dachte ich an das Gespräch mit Arnold, meinem einzigen Freund noch aus Schulzeiten, wie wird es ausgehen?

Während ich darüber nachdachte, suchte ich nach etwas, aber was suchte ich? Ja richtig, das Telefon, wo ist es? Auf dem Schreibtisch natürlich, wo sonst, bestellte an der Rezeption für achtzehn Uhr einen Tisch im Restaurant, für zwei Personen, möglichst in einer hinteren Ecke, wo wir ungestört essen und uns unterhalten könnten.

Ich blickte mich in der Suite 101 um: Wo wird Arnold sitzen und wo ich? Arnold im Sessel vor dem Fenster und ich am Schreibtisch ... Oder? Er am Schreibtisch und ich im Sessel? Nein, nein, besser ich am Schreibtisch und er am Fenster. Auf dem Schreibtisch sind ja meine Unterlagen, sein Heft. Nicht vergessen, es ihm zurückzugeben! Also er am Fenster, ja, er am Fenster. Wenn er noch so ist, dachte ich, wie er als Schüler war, wird er häufig aus dem Fenster blicken und mir den Rücken zudrehen, wie er es als Schüler getan hatte, wenn ich mit etwas kam, was er nicht hören wollte. Dann stellte er sich vors Fenster und pfiff leise vor sich hin. Und ich, jähzornig, wie ich war, hätte ihn aus dem Fenster schmeißen können. Der Rücken und das leise Pfeifen. Ja, so war ich, und so war er, aber das ist sechzig Jahre her ...

Die Luft in der Suite schien mir verbraucht, ich schob die Gardine, die ich gerade wegen der Sonne vors Fenster gezogen hatte, zur Seite und öffnete es einen Spalt. Luft, Clavigo, Luft! Blickte auf den Schloßhof: Drei Taxen vor dem Eingang, aus denen schwere Koffer gehievt wurden, sie mußten gerade angekommen sein. Der Chef des Hauses begrüßte die Gäste wie alte Bekannte. Von woher mögen sie angereist sein? Aus Johannesburg, Kapstadt? In beiden Städten hatte Hannah konzertiert ...

Oh Hannah, oh Hannah, ich beschäftige mich mit Arnold und denke an dich. Aber ich werde ja auch über dich zu sprechen haben, den ganzen Abend über dich. Vielleicht waren diese eleganten Herren Besucher deiner Konzerte, vielleicht könnten sie Auskünfte geben? Aber das ist vier Jahre her ...

In der Ferne sah ich die Spitzen des Kölner Doms wie Bleistiftspitzen in den Himmel ragen. Gut angespitzte Bleistiftspitzen. Der Vergleich hatte etwas Lächerliches, und ich mußte lachen. Ich wunderte mich, daß ich lachen konnte, obwohl mir nach Lachen gar nicht zumute sein dürfte. Aber das Lachen ist unberechenbar, es richtet sich nicht nach Stimmung, nach Schmerz. Es kommt, wann und wie es will. Und vielleicht gelingt es mir, das Ernste mit Heiterkeit und Humor abzuhandeln, wie Arnold es meistens so vorzüglich gelang. Aber wenn nicht, dann eben nicht, dachte ich.

Ich habe noch zwei Stunden Zeit, um mir das Bensberger Schloß anzusehen. Es war, nebenbei gesagt, Arnolds Vorschlag gewesen, sich im Bensberger Schloß zu treffen. Er hätte in Köln zu tun. Ein wunderbares Hotel, die Küche ebenso. Und es war seit langem mein Wunsch (von dem Arnold nichts wissen konnte), dieses Hotel als Bühne für einen Roman zu benutzen, in dem Maria de' Medici eine wichtige Rolle spielen sollte. Ich verließ meine Suite und wanderte durch die langen, mit Teppichen ausgelegten Gänge und zählte die Türen bis zum Restaurant. Zehn goldumrahmte Türen, zähle ich die Fahrstuhltüre mit, allerdings die nicht umrahmt, sondern aus Gold im ganzen.

Warum die goldumrahmten Glastüren? fragte ich einen Herrn an der Rezeption.

Wegen des Feuers, die goldenen Türen sollen sich einem eventuellen Feuer entgegenstellen, es dem Feuer erschweren, sich auszubreiten, antwortete der Herr sehr elegant.

Meinen Sie, daß das gelingen würde?

O ja, antwortete der Herr, durchaus möglich, wahrscheinlich sogar sicher, daß es von Tür zu Tür in kurzen Abschnitten – der Herr zeigte die Kürze der Abschnitte mit Daumen und Zeigefinger an – gelöscht werden kann. Daran wurde lange gearbeitet, denn das Schloß hat in seiner langen Geschichte einige Feuer hinter sich. Sie sollten wissen, es wurde Lazarett, Kadettenhaus, Kaserne, Napola, Obdachlosenunterkunft und von 1993 bis 1997 Asylantenheim für bosnische Flüchtlinge, bis es dann zu seiner eigentlichen Bestimmung fand, nämlich wie heute zu sein: schön und luxuriös, sagte der Herr, die Worte mit weichen, eleganten Gesten unterstützend. Und ich dachte, hoffentlich wird das Gespräch mit Arnold keine Feuer erzeugen, um von den Türen aufgehalten werden zu müssen. Besonders dann, wenn wir beide nicht mehr in der Lage sein sollten, es selbst zu löschen, weil wir unsere Nerven verloren haben, denn so könnte es werden – trotz unseres Alters, trotz unserer Bemühung, es mit Heiterkeit und Humor zu führen. Und wer kann schon vorhersagen, wie es verlaufen wird. Ich kann es nicht, dachte ich. Gespräche folgen ihren eigenen Gesetzen, man kann sich vornehmen, was man will. Außer dem will ich ja gar kein Gespräch, ich will anklagen, beschuldigen, die Wahrheit sagen, die Wahrheit um der Wahrheit willen, alles sagen, was ich mit Hannah erlebt habe, alles, was Helen und ich durchmachten, alles, was Arnold und mich anging.

Als wir uns kurz vor achtzehn Uhr am Eingang des Hotels trafen, kriegte ich einen Schreck. Ich hatte Arnold vier Jahre nicht gesehen, und nun sah ich ihn, gealtert, bleich und faltig, etwas kleiner, etwas gebeugter, kaum wiederzuerkennen. Waren es wirklich nur vier Jahre, oder waren es vielleicht doch Jahrzehnte gewesen? Dieser Gedanke schoß mir durch den Kopf, als ich ihm die Hand reichte. Wie mag er mich sehen? Bin ich auch gealtert wie er? Mir war fast übel von diesem Schreck. Immer wieder blickte ich ihn so unauffällig wie möglich von der Seite an, hatte es nicht für möglich gehalten, daß vier Jahre ein Gesicht, richtiger einen Menschen so verändern können. Was war mit seiner Krankheit?

Die Spannung wich erst, als wir durch den Gang zum Restaurant schritten – in diesen Gängen kann man nur schreiten. Die Nähe der kühlen, jahrhundertealten Wände gab mir das Gefühl, nicht gealtert, jünger zu sein. Ich bin nicht 1703 geboren wie dieses Gemäuer – Kunststück, sich jünger zu fühlen. Auch Arnold schien im Dämmerlicht des Ganges jünger zu werden. Er schritt nun aufrecht neben mir her. Die Schritte konnten auf den ausgelegten Teppichen nicht widerhallen, dennoch glaubte ich sie zu hören, merkwürdige dumpfe Laute, von der Decke des Ganges kommend, also über uns, aber auch seitlich von den Wänden abprallend, dumpfe Laute in Stereo gewissermaßen. Das alte Gebäude mit seinen dicken steinernen Wänden gab uns das Gefühl, aufrecht schreiten zu müssen, uns wie Krieger zu behaupten, ausgerechnet wir beide Krieger ... Beinahe mußte ich lachen, und Arnold fragte mich: Warum lachst du?

Tue ich das? erwiderte ich.

Merkst du es nicht?

Du hast recht, sagte ich, ich sollte es merken.

Pause.

Dann sagte ich etwas Provozierendes, wollte herausfinden, ob Arnolds Rasierspiegel ihm die Wahrheit vorenthalten habe, wie sehr er in den letzten vier Jahren gealtert war. Ich sagte: Immer, wenn mich jemand fragt, wie alt sind Sie?, und ich mein Alter nenne, hoffe ich auf Protest. Nein. Nein, nein! Sechzig Jahre ja, aber über siebzig, unmöglich, unmöglich! Statt dessen: keine Reaktion. Schweigen. Das bringt mich auf den Gedanken, daß ich wohl so alt aussehe, wie ich bin.

Schweigen von Arnold.

Wir schwiegen auch, als das Essen serviert wurde, wir aßen, tranken Wein – und schwiegen. Wir wußten beide, daß uns ein langes Gespräch bevorstand, wir sparten unsere Kräfte.

Erst beim abschließenden Kaffee sagte Arnold, er sei nun bereit, mich anzuhören. Und ob ich mich übers Fernsehen informiert hätte?

Über den Krieg?

Ja.

Pause.

Wenn die Präsidenten mit Beten anfangen, ist's der Welt immer schon schlecht gegangen, sagte er, und dann: Laß uns zahlen und gehen!

Das Essen bezahlte ich, Arnold wollte sich beteiligen.

Nein, nur ich, sagte ich.

Dann gingen wir zurück zum Fahrstuhl, dessen goldene Tür sich öffnete. Wir stiegen ein. Wer als erster? Arnold oder ich? Natürlich Arnold, ich wohne im Hotel, der Besucher hat Vortritt. Die Türe schloß sich, und wir schossen geräuschlos einen Stock aufwärts. Die Türe öffnete sich, und Arnold wollte nun mir den Vortritt lassen.

Nein, immer noch du, sagte ich.

Wir schritten also durch die langen Gänge, uns gegenseitig jünger zeigend, als wir uns fühlten, mußten neun goldumrahmte Türen öffnen, und dann schloß ich die letzte Tür auf, die nicht golden war, sondern weiß, schlichtes Weiß, die Tür zu meiner Suite.

Nein, nein, nein, sagte ich, ich kann nicht hassen, ich kann nicht hassen, ich hasse dich nicht. Ich schreie, tobe, zertrümmere Tassen, Teller, gelegentlich auch Möbel – aber hassen, nein! Du erinnerst dich an meine Ausbrüche, sechzig Jahre ist das her, erinnerst du dich, als du mir zum Beispiel sagtest: Du wirst nie ein Schriftsteller.

Warum, fragte ich, werde ich nie ein Schriftsteller?

Nie! erwidertest du.

Nie ist kein Grund, sagte ich.

Doch, sagtest du.

Wieso ist nie ein Grund? Du weißt, daß ich die besseren Aufsätze schreibe, wieso also nie?

Weil du nie ein Schriftsteller werden wirst!

Natürlich war mir klar, daß du mich provozieren wolltest, dennoch wurde ich wütend, ich schrie, polterte: Deine Einsen in Mathe und Chemie sind die stumpfsinnigsten Einsen auf der Welt! Ich sagte stumpfsinnigsten, erinnerst du dich? Lange hatte ich mir schon überlegt, wie ich, wenn es nötig würde, deine Einsen am eindrucksvollsten abwerten könnte, und da fiel mir stumpfsinnig ein. Mein Stumpfsinnig gegen dein Nie.

Nie ein Schriftsteller ... Diese Worte brachten mich um den Verstand. Deine stumpfsinnigen Einsen hast du erbüffelt, deinen ehrgeizigen Schädel in deine auf den Schreibtisch aufgestützten Hände gepflanzt, so sehe ich dich, und was getan? Gebüffelt! Gebüffelt, gepaukt, gebüffelt! Das hast du getan, ohne einen Hauch von Kreativität. Und dann fiel dir ein, wie du mich beleidigen könntest, und was fiel dir ein? Ein Nie fiel dir ein. Diese Nies kamen aus deinem Munde in regelmäßigen Abständen, und ich spürte, daß sie auf einer Woge von Haß getragen wurden, und ich konnte nicht herausfinden, warum es deinen Haß gab, woher er kam.

Pause.

Ich habe nie deine Hände vergessen, wie sie über eine Heftseite strichen, wenn du etwas geschrieben hattest, voller Genuß, dann ließest du sie liegen, flach auf die Seiten gelegt, so ließest du sie liegen, die Worte und Gedanken verdeckend. Du wolltest mich nicht teilhaben lassen an deinem Leben. Ich gestehe, deine Hände machten mich verrückt, ich sah ihnen zu, als sei durch sie oder mit ihnen ein Rätsel zu lösen. Ja, deine Hände. Vielleicht würden sie mir das Geheimnis deines Hasses gegen mich lüften, wenn du das Geschriebene einmal nicht zudecktest. Ich sah deinen Händen zu, wie sie einen Füllhalter zuschraubten, ein Brötchen aufschnitten, einen Bleistift anspitzten, wie du schriebst, wie du Geheimnisse notiertest. Aber du warst darauf bedacht, daß ich, der ich neben dir die Schulbank drückte, nichts lesen konnte. Selbst nur angefangene Seiten decktest du mit deinen Händen ab. Jedes Schielen, jedes Linsen wurde von dir entdeckt. Nein, deine Notizen waren nur für dich.

Und wie sorgfältig du deine Geheimnisse notiertest, von der ersten bis zur letzten Seite vorbildlich. Deine Gedanken blieben im verborgenen, deine Schrift dagegen nicht. Kein Zorn, kein Ausbruch war in ihr enthalten. Kalte Überlegung, kalte Schönschrift. Wie anders meine dagegen! Jede Gefühlsböe war ihr anzusehen. Daß ich eine ganze Seite in Schönschrift durchgehalten hätte, hat es bis zum heutigen Tage nicht gegeben.

Ich stellte mir vor, deine Hände auf dem Körper einer Frau, ja, das stellte ich mir vor. Und ich wollte es gar nicht. Wieviel Liebe hast du gestohlen, und was hatte die gestohlene Liebe bei dir bewirkt? Auch Hannah hatte deine Hände beobachtet – aber davon werde ich noch berichten.

Ich gebe zu, in meinen Vorstellungen ist alles gewaltiger, aufregender als in der Wirklichkeit. Das ist die Diskrepanz zwischen Vision und Realität. Wahrscheinlich warst du ein ausgehungerter Mann, der nach Liebe lechzte und versuchte sie zu bekommen, wo er sie kriegen konnte.

Ich wollte alles über dich herausfinden. In einer unbeobachteten Minute stahl ich dir dein Heft aus der Schultasche. Ja, das tat ich. Meine Neugier war größer als mein Anstand und meine Vorsicht. Ich weiß, das verschwundene Heft beschäftigte dich lange Zeit. Du hast mich beschuldigt, es gestohlen zu haben, nicht mit Worten, nein, mit Gesten, Blicken, Wegrutschen von mir auf der gemeinsamen Bank. So sprachst du mich schuldig, der ich auch schuldig war. Ich bemühte mich, unschuldig auszusehen: Was hast du, was ist mit dir? Aber meine unschuldige Miene wurde von dir nicht akzeptiert, nein, du ließest mich weiterhin fühlen, daß du wußtest, daß ich das Heft gestohlen hatte. Und ich spielte dir weiterhin meine Unschuld vor, ein stummes Spiel mit zwei Aussagen, von denen nur deine stimmte, von denen aber nur ich die Wahrheit kannte. Und was las ich in deinem Heft? Eine Geheimschrift, von mir nicht zu entschlüsseln, Hieroglyphen ...

Und hier begann nun meine Abhängigkeit von dir, denn jetzt wollte ich alles über dich wissen, alles herauskriegen. Was du denkst, was du fühlst, wen du liebst, warum deine Geheimnisse. Aber ich gestehe, auf diesem Gebiet war ich ein Stümper. Wie ein Magier warfst du die Arme auf und ab, aber – das Geheimnis steckte nicht in der großen Bewegung, der ich zublickte, das Geheimnis steckte im Zucken eines Fingers. Und was war das Geheimnis? Du trafst dich mit Helen. –

Ich möchte einen Augenblick unterbrechen, sagte ich. Ich stand auf, schob Hannahs Mendelssohn-Konzert in den Recorder. Sie spielte es unvergleichlich, nie habe ich es schöner, leichter, anmutiger gehört als von ihr. Der letzte Satz wie ein Tanz über den Wolken. Für Augenblicke blieb ich stumm.

Auch Arnold verharrte am Fenster, wir waren gefangen von Hannahs sensiblem Ton, ihrem kurzen Vibrato. Was für eine göttliche Geigerin, mir wollten die Tränen kommen, die ich um nichts in der Welt kommen lassen wollte. Ganz verhindern konnte ich sie aber nicht. Perfektion auf dieser Stufe bleibt unerreicht. Die menschlichen Grenzen sind gesprengt, der Himmel selbst musiziert. Hannah ...

Wie konnte geschehen, was geschehen ist? Fragen, die ich an Arnold habe und der sie mir nicht beantworten wird. Oder? Wird er sie beantworten? Aber – kenne ich nicht die Antworten?

Arnold, neben dem Fenster sitzend, machte es etwas weiter auf, die Luft war immer noch stickig, er öffnete den obersten Knopf seines Kragens und lehnte sich schwerfällig in den Sessel zurück. Hannahs Geige beherrschte uns, ich kriegte es nur schwer übers Herz, sie leiser zu stellen, leiser, ja, leiser ...

Ich räusperte mich und sagte: Ich möchte gerne fortfahren, doch bevor ich es tue, möchte ich dir dein Heft wiedergeben, das ich dir vor mehr als sechzig Jahren stahl, was ich nie zugegeben habe. Ich mußte es ja auch nicht, da du mich nie direkt danach gefragt hattest. Hier, sagte ich, hier hast du es, und ich bitte, meinen damaligen Diebstahl zu entschuldigen.

Arnold beugte sich vor und nahm das vergilbte, abgegriffene Heft wortlos, schob es in seine Jacketttasche, ohne mich anzublicken. Nach einer kurzen Pause sagte er: Warum hast du Hannah leise gestellt?

Du hast recht, sagte ich, und probierte auf der Fernbedienung eine Lautstärke, die Hannahs Spiel wieder in der Vordergrund rückte, aber ein Gespräch noch zuließ.

Hannah soll nicht im Hintergrund bleiben, sagte ich, und das wird sie auch nicht, da sie die Hauptfigur an diesem Abend sein wird.

*Aus: „Hannah", S. 5-18*

## „Ich wettete mit meinem Freund ..."

Los Angeles, 7. August

Ich wettete mit meinem Freund Joseph Gordon, einem eigenwilligen und großartigen Drehbuchautor, vierzig Jahre alt, der zwanzig Drehbücher geschrieben hat, daß man Filmgeschichten auf der Straße auflesen könnte, man muß sich bloß bücken, sie aufheben, sie liegen zu unseren Füßen, kurz, daß es mir gelingen würde, ihm das zu beweisen.

Nie, sagte er.

Ich dagegen behauptete, daß jeder Mensch über vierzig eine herumlaufende Filmgeschichte sei.

Nie, wiederholte er.

Jeder über vierzig habe genug erlebt, habe Schläge einstecken müssen, habe Liebesaffairen gehabt, kurz, habe Dinge erlebt, die eine Filmgeschichte hergeben, beharrte ich.

Nie. Die Wette gilt, sagte Joseph.

Wenn du verlierst, was dann?

Dann schreibe ich dir ein Drehbuch nach deinen Vorstellungen.

Einverstanden.

Und du?

Ich werde mich bemühen, daß dieses Drehbuch dann auch verfilmt wird.

Einverstanden.

Einverstanden.

Ich hatte mir vorgenommen, eine Dokumentation über eine Frau oder einen Mann, die oder den ich in Venice auftreiben würde, zu machen.

Ich rief Dean Ginsberg an, Kameramann, mit dem ich besonders gerne gearbeitet hatte, erzählte ihm von meiner Wette und bat ihn, dabeizusein. Ich hoffe, du hast Zeit.

Wann?

In ein paar Tagen, sagte ich.

Gerne, sagte er, habe Zeit und bin dabei. Das interessiert mich.

Los Angeles, 9. August

Wenn ich Lust habe, laufe ich den Temescal hoch, bis zum Sunset, den links hoch bis zur Marquez, einen Block hoch, und dann rechts in die Jacon, noch mal einen Block hoch, dann rechts in die Lachman und die bis zum Ende. Langer Weg und immer bergauf. Oben angelangt, bin ich ziemlich außer Atem, aber außer Atem will ich ja sein. Das stärkt den Organismus, ist Sport, und ich werde die unerträglichen Kopfschmerzen los, die ich von Mutter geerbt habe. Und ich habe den schönsten Blick auf L. A., einen schöneren gibt's nicht. Besonders abends, wenn die Lichter angehen, die Glitzerei beginnt, dann bin ich wer.

    Wer sind Sie dann? fragte ich.

    Dann bin ich ich.

    Der General von Pacific Palisades?

    Er schraubte seine Thermosflasche auf und goß sich Kaffee in einen Pappbecher. Er pustete in den Kaffee.

    Immer zu heiß, ich kann zu heiß nicht trinken, geht nicht. Sie sagten, ich der General von Pacific Palisades? General? Nie. Ich hasse Generäle, will keiner sein, weder hier oben noch dort unten.

    Dann der Dichter von Venice?

    Auch nicht.

    Der Philosoph von Venice.

    Hören Sie auf, nichts will ich sein, weder General noch Dichter oder Philosoph.

    Was wollen Sie denn sein?

    Warum soll ich was sein wollen? Ich bin doch wer.

    Und das genügt Ihnen?

    Freilich genügt mir das.

    Da staune ich.

    Staunen Sie ruhig.

    Jemand ohne was, gibt es das in dieser feinen Gegend?

    Gegenfrage, sind Sie von hier? Aus dieser feinen Gegend?

    Ja.

    Dann hören Sie auf, mir dumme Fragen zu stellen.

    Aber hören Sie, jeder möchte doch einen besonderen Beruf haben, einen besonderen Titel, möchte Anerkennung, was gelten.

Bei mir ist das genau umgekehrt, ich war was und will nichts gelten.
Dann sind Sie lieber ein Nichts?
Das auch wieder nicht. Das war schon mein Vater ...
So oder so ähnlich verlief mein erstes Gespräch mit ihm.

Los Angeles, 11. August

Am Montag lief ich die Lachman hoch und traf ihn wieder. Er saß vor der großen unbewohnten Villa, jedenfalls schien sie unbewohnt, ich sah dort niemanden ein- und ausgehen, er saß in einem Klappstuhl und schrieb an seinem Computer.

Hallo, wieder hier oben?

Er nickte nur und schrieb weiter. Etwas Dümmeres hätte ich auch nicht fragen können.

Kein General, kein Dichter, kein Philosoph, aber ein Schreiber, sagte ich.

Er wußte wohl, daß ich nicht lockerlassen würde, ich würde ihn, koste es, was es wolle, in ein Gespräch ziehen, was ich auch vorhatte. Das könnte der Mann sein, weit über vierzig, schätzte ich, versuche es, er könnte meine Filmgeschichte werden.

Wie spät ist es? fragte ich.

Sie haben doch selber eine Uhr, sagte er.

Die ist stehengeblieben.

Meine auch, erwiderte er, aber ich kann Ihnen sagen, wie spät es war, als ich die Zeit vor siebenunddreißig Jahren anhielt, (er schob den Ärmel des Jacketts in die Höhe und blickte auf seine Uhr, indem er sie dicht vor die Augen hielt), etwas nach fünf.

Danke, sagte ich. Dann war es damals so spät, wie es jetzt sein müßte, die Sonne verschwindet, in einer halben Stunde ist es dunkel, die ersten Lichter sind angegangen.

Er lehnte seinen Kopf an die Mülltonne, die hinter seinem Klappstuhl stand, streckte den Fuß aus, kniff ein Auge zu und blickte nach unten.

Blicken Sie über meine Schulter, sagte er, kneifen Sie ein Auge zu und blicken Sie runter (er drehte seinen Fuß zur Seite), was sehen Sie?

Los Angeles, sagte ich etwas keuchend, ich hatte mich hingekniet, und das fiel mir schwer, mein Knie will nicht mehr so richtig.

Ich blickte ihm also über die Schulter und sah das beginnende Lichtermeer von L. A.

Auf dem Wege, ein Lichtermeer zu werden, sagte ich.

Richtig.

Er drehte seinen Fuß ins Bild. Und jetzt?

Haben Sie L. A. zugedeckt.

Sehen Sie, es ist ziemlich einfach, eine Fünfzehn-Millionen-Stadt unterm Schuh verschwinden zu lassen.

Also doch ein General, sagte ich, mich stöhnend wieder aufrichtend, wer eine Stadt unterm Schuh verschwinden lassen kann, muß mindestens ein General oder ein Teufel sein.

Teufel ist richtig, sagte er, General nie, aber ein Teufel, der L.A. auch wieder auferstehen lassen kann, sehen Sie? (Er drehte den Schuh zur Seite.) Da ist sie wieder und jetzt mit allen Lichtern.

Muß ein schönes Gefühl sein, sagte ich, Los Angeles unter den Sohlen verschwinden zu lassen.

O ja, das tut gut, eine Millionenstadt unter den Sohlen zappeln zu sehen. Das ist die Macht des Teufels. Sie hatten recht.

Sind Sie ein Homeless?

Wenn ich will, bin ich einer, wenn nicht, bin ich keiner.

So einfach ist das?

So einfach ist das. Ich war Vize-Präsident der Bank of America, hatte Erfolg, aber ich fand ihn zum Kotzen. Hat man ihn, will man mehr, man schuftet wie ein Idiot, und dann hat man mehr Erfolg und findet ihn noch mehr zum Kotzen.

Und jetzt?

Denke ich über Erfolg nicht mehr nach und habe Zeit, ein Buch zu schreiben.

Und Geld haben Sie genug? Sich diesen Luxus leisten zu können?

Habe ich. Es ist gut angelegt, sagte er.

Macht Sie Schreiben glücklich?

Nachdenklich macht es mich. Ich bin lieber nachdenklich als erfolgreich. Außerdem gibt es mehr Gedanken als Erfolg.

Was haben Sie mit Ihrem Erfolg gemacht? fragte ich.

Geld.
Und mit den Gedanken?
Ein Buch.
Worüber schreiben Sie?
Über das, was ich denke, sehe, fühle. Und die Triebkraft des Schreibens ist Zorn.

Das brubbelte er ziemlich mürrisch, aber genußvoll vor sich hin. Manchmal blieb seine Stimme weg, nur noch Lippenbewegungen, aber dann war sie wieder da.

So ist das mit der Stimme, sagte er und räusperte sich, sie ist da, wenn sie nötig ist, sie ist weg, wenn sie nicht nötig ist. Zum Schreiben braucht man sie nicht, und nun lassen Sie mich in Ruhe.

Darf ich eine letzte Frage stellen?
Bitte.
Ich möchte eine Dokumentation über Sie drehen, wären Sie einverstanden? Kostet Sie keine Mühe, kein Geld, ich werde Ihnen Fragen stellen, und Sie beantworten sie mir. Wenn Sie Lust und Zeit haben.

Das wird zwar, wie Sie richtig sagen, mich kein Geld kosten, aber Sie wird es einiges kosten.

Darüber werden wir verhandeln.
Ich werde darüber nachdenken, und jetzt lassen Sie mich in Ruhe.
Wo werde ich Sie finden?
Hier oder sonstwo in L. A.
Ich rief Dean an, er solle sich für den 12. bereithalten: Ich habe jemanden, weiß noch nicht, ob es gelingen wird, ihn für die Dokumentation zu gewinnen.

Los Angeles, 12. August

Am nächsten Morgen fuhr ich mit Dean die Lachman hoch, tatsächlich, er saß immer noch da und spielte Gitarre, sang leise vor sich hin, Dean filmte ihn bereits aus dem Wagen, wir waren ein eingespieltes Team. Er sang heiser und sauber, einen deutschen Text, so nahm ich an, jedenfalls ein schwer zu verstehendes Deutsch, den Kopf an die Mülltonne gelehnt, so wie gestern, als er L. A. mit seinem Schuh verdeckte.

Ein schönes Lied, sagte ich. Ein deutscher Text?
Ja.
Waren Sie die ganze Nacht hier?
Ja.
Haben Sie hier auf der Straße geschlafen?
Ja.
Das könnte ich nicht.
Ich kann überall schlafen. Wenn der Schlaf kommt, kommt er, ob auf der Straße, auf Steinen, im Sand, wie eine Walze. Er überrollt mich. Dann ist alles schwarz. Wie eine Tür, die sich gegen alle Geräusche, gegen alle störenden Gedanken geschlossen hat.
Das, was Sie spielten und sangen, hat mich berührt. Ein Blues, nicht? Und ein deutscher Text? Wovon handelt er?
Vom Töten und Getötetwerden.
Vom Krieg?
Und den Folgen des Krieges.
Aber es sind nur vier Zeilen.
Die reichen aus für Variationen.
Haben Sie Angst vor dem Tod?
Nein, der hat Angst vor mir. Er hätte mich ja holen können, aber er traut sich nicht.
Und wovor haben Sie Angst?
Im Bett schlafen zu müssen.
Wirklich?
Dann ginge alles wieder von vorne los. Welche Matratze, welches Laken, welche Bettdecke, die dicke oder die dünne, wie steht das Bett zum Fenster, damit ich besser auf der linken (der Herzseite) oder der rechten einschlafen kann. Und noch anderes: Bin ich heute mit Sex dran oder morgen, bin ich ...
Ist das Bett ihre einzige Angst?
Im Bett sterben zu müssen, ja.
Das wäre furchtbar für Sie?
Das wäre nicht zu ertragen.
Und Ihre Frau? Denkt sie auch so?
Sagte ich doch, bin ich heute oder morgen mit Sex dran, zwei-, dreimal in der Woche, wenn nicht, hing der Haussegen schief. Wenn nur

einmal, ging sie nachts aus. Wo gehst du hin? fragte ich. Am Strand spazieren. Einmal ging ich ihr nach, wollte sehen, mit wem sie sich traf, und das Verrückte war, sie ging wirklich am Strand spazieren.

Hatten Sie einen Betrug erwartet?

Ich hatte gar nichts erwartet, aber seit ich am Strand lebe, sie nur an den Wochenenden sehe, ist meine Ehe glücklich, könnte nicht glücklicher sein. Und jetzt hören Sie auf, mir Fragen zu stellen, haun Sie ab.

Dean hatte alles gefilmt, ein guter Anfang, und er hatte nichts mitgekriegt. Dean und ich schlugen unsere Handflächen ineinander, wie Volleyballspieler nach einem gewonnenen Punkt.

*Aus „Venice", S. 5-14*

# Welcome home

Los Angeles. Juni. Wieder in Los Angeles. In der verrücktesten Stadt der Welt. Als ich mich über Sydney erhob, blickte ich aus dem Fenster des Jumbos, und ich stellte beinahe mit Wehmut fest, daß Sydney vielleicht die schönste Stadt der Welt sei. Mit Wehmut? Irgend etwas wie Wehmut stellte sich ein, eine Stadt zu verlassen, die einem noch fremd und schon vertraut schien. Von Los Angeles fünfzehn Stunden Flug über den Pazifik, man denkt, alles wird in Australien ganz anders sein, aber dann ist es wie zu Hause. Man bricht auf in die Ferne und kommt zu Hause an. Und als ich in Los Angeles landete? Ich sah aus dem Fenster, braun, grau, staubig, Smog, so weit das Auge blickte. Welcome home, sagte der Afroamerikaner bei der Einreise, meinen Ausweis mit der Greencard-Eintragung zurückgebend. Welcome home. Hollywood. Ist Hollywood die kostspieligste und dümmste Einrichtung der Welt? Ist Hollywood wie Falschgeld? Und ich sehe auch die ersten Homeless people wieder. Aber wenn es so ist, warum lebt man dann in Amerika, warum geht man dann nicht zurück nach Deutschland? Ist es nur die Arbeit? Dollars statt Heimweh, wie eine Zeitung es ausdrückte? Ja, es ist Arbeit, es ist das Abenteuer, es ist das Risiko, aber es ist auch das Land meiner Filmhelden, der Coopers, der Bogarts, der Tracys. Im Lande meiner Helden, auch wenn das Licht so hell ist, daß es die Farben auslöscht. Aber Amerika, Amerika, auch ohne Farben bist du Amerika, freundlich und groß, stark und gewaltig – und außerdem, vor die Wahl gestellt, Krieg oder Erdbeben, ziehe ich Erdbeben vor!

Wie war das Erdbeben am 17. Januar 1994? Waren Sie dabei? Haben Sie's erlebt? wurde ich von Journalisten gefragt.

Ja, habe ich.

Na, und?

Mitten im Traum ging's los. Was ich träumte, habe ich wie gewöhnlich vergessen, außer daß es sich um ein Erdbeben handelte, welches mich in einer Erdspalte verschwinden ließ, und nun der Übergang vom Traum zur Realität, das wirkliche Erdbeben. Das Hotelzimmer wackelte wie ein alter Pappkarton, der im Schrank verankerte Fernseher wurde auf den Boden geschleudert, das Geschirr polterte aus dem

Küchenregal, ich stürzte aus meinem hüpfenden Bett, der Swimmingpool über mir, dachte ich, wenn der runterkommt, durch die Decke bricht, ertrinke ich auf die lächerlichste Weise der Welt, nicht im, sondern unter ihm. Ich glaubte ihn über mir plätschern zu hören. Das ist mein Ende. Ich machte das, was man auf keinen Fall machen soll, ich stürzte auf den Balkon, um wenigstens nicht zu ersticken, wenn der Pool mich zerquetscht, Luft, Clavigo, Luft ... Was hätte ich machen sollen? Nun weiß ich's, habe mich belehren lassen. Mich unter einen Türrahmen stellen, unter einen Tisch kriechen, das hätte ich machen sollen, aber ich dachte, der Swimmingpool, der Swimmingpool, der ist direkt über dir.

Als das Erdbeben vorüber war, dachte ich an Christian, wie war es ihm ergangen? Die Telefonleitungen waren tot, kein Strom, aber Gas gab es noch. Gas nur für den Kamin. Ich stellte mir die Amerikaner vor, wie sie mit einer Fernbedienung die Flamme einstellen. Groß, klein. Es mag ja bequem sein, vielleicht sogar gemütlich, gemütlich und geschmacklos, aber bei einem Erdbeben? Ich drückte auf den Schalter, seitlich vom Kamin, das Feuer erlosch. Gott sei Dank, das Feuer noch im Griff, aber was passiert, wenn die Leitungen platzen?

Als ich mich zur Rezeption hinuntertastete, drei schmale Treppen, jemand mit einer Taschenlampe führte mich, war ich umgeben von verängstigten Gästen. Aufgeregte Stimmen, jemand weinte, wie können wir die Angehörigen erreichen? Eine alte Frau, in eine Decke eingehüllt, betete. An der Rezeption ein Nottelefon, bitte nur kurz, hörte man eine Stimme, Ihre Angehörigen werden auch versuchen, Sie zu erreichen, bitte Ruhe, und nochmals, fassen Sie sich kurz. Eine Dame neben mir hielt mir ihre Taschenlampe ins Gesicht, grelles Licht, unangenehm, ehe ich protestieren konnte, fragte sie mich, ob sie etwas für mich tun könne.

Warum?

Ihre Nase ...

Was ist mit ihr?

Sie blutet.

Ich fuhr mit dem Finger über den Nasenrücken, tatsächlich, naß, rot der Finger ...

Kann ich Ihnen helfen? Wie ist das passiert?

Keine Ahnung. Wahrscheinlich bin ich auf die Nase gefallen, hab's nicht gemerkt, nicht einmal gemerkt.

Ich setzte mich ins Auto und fuhr zur USC. Down town. La Cienega, unter dem Santa Monica Freeway hindurch. Kerzen vor der Unterführung, wieso Kerzen? Ich umfuhr sie, und dann gab ich Gas, schnell durch, ehe der Freeway zusammenbricht. Auf dem Jefferson Boulevard dunkle Gestalten, die hin und her liefen, um fünf Uhr morgens. Richtig, in dieser Gegend wird gekämpft, geschossen, getötet, heute liefen die Killer um ihr eigenes Leben. Dann die USC. Ich beruhigte mich, Christians Haus nicht zusammengebrochen, alles okay. Auf dem Campus wimmelte es von Studenten, die sich auf einem parkähnlichen Gelände versammelt hatten.

Ich fuhr zurück zum Hotel, und jetzt erst hörte ich die Geräusche, die ich zwar wahrgenommen, mir aber nicht erklärt hatte. Merkwürdig. Fremde Geräusche. Nie so vernommen in Los Angeles. Töne in Schlangenlinien, Töne wie geworfene Papierschlangen, auf und ab, von ferne, vereinzelt von nah, die Feuerwehren ... Alarmanlagen von Häusern und Autos ... oder alle Heuschrecken der Welt im Anmarsch. Hörte beängstigt zu. Auch fasziniert.

Als ich unter den Santa Monica Freeway zurück wollte, wurde ich gestoppt. Polizei. Keine Durchfahrt. Der Freeway war auf die La Cienega gestürzt. Da war ich wohl einer der letzten, die hindurchgefahren waren. Ich stellte mir vor, wie es gewesen wäre, von den Betonmassen zerquetscht zu werden. Eine ganze Weile wurde ich zerquetscht, zerdrückt, kriegte keine Luft mehr. Strengte mich an, die Vorstellung wieder loszuwerden. Gabi in Deutschland zu erreichen unmöglich. Das Nottelefon schaffte es nicht über den Atlantik, nur für Stadtgespräche. Aber Christian hatte Gabi noch anrufen können.

Als ich mich mit Fred Schepisi in den Vier Jahreszeiten traf, im Café, gab es einen Aftershock. Die Gäste schrien auf oder juchzten, als wären sie in einer Achterbahn. Nun müßte eine Lady im kurzen Röckchen eine Tafel hochhalten, tanzend, versteht sich, auf der angezeigt würde, wie hoch der Aftershock auf der Richter-Skala war. Wie im Varieté. 4,2 sagte ich, Fred lachte, später erfuhren wir, er war 4,8. Die Tassen klirrten, die Gäste juchzten noch einmal, ein zweiter Afterschock. Man kann sich daran gewöhnen, wenn eines der besten Hotels der Welt ächzt und stöhnt wie eine alte Bretterbude, nichts ist, wie es sein soll. Wir sprachen über Einstein, den ich hätte spielen können, aber nicht zu spielen kriegte.

Dabei hatte ich mich wirklich um die Rolle bemüht. Sogar einen Screen-Test gemacht, in Konkurrenz mit Allen Arkin und Walter Matthau. Steve Dontanville hatte kurz davor siegesbewußt erklärt, den spielst du, Tim Robbins und Meg Ryan wollen dich, mit Walter Matthau spielen sie nicht. Sie werden ablehnen. Steve Dontanville, mein Agent, der Agent auch von Meg Ryan, sehr respektiert, irrt sich eben auch mal. Und Tim Robbins spielt auch nur so lange nicht mit Matthau, bis er mit ihm spielt. Das wußte ich beinahe vorher; und Matthau hatte gerade den Erfolg mit Grumpier Old Men, und gut ist er auch, berühmt dazu, wer sollte sich schon weigern, mit ihm zu spielen? Nicht mal ich, der andere mögliche Einstein, hätte mich geweigert; ich wäre sogar bereit gewesen, die Rolle mit ihm zu teilen, er die vordere, ich die hintere Hälfte oder umgekehrt. Und außerdem sind wir quitt. Music Box wollte er spielen, unbedingt, hatte Costa angerufen, mit ungarischem Akzent, Szenen schon einstudiert, aber trotzdem. Costa wollte den Mike Laszlo nicht mit Matthau oder mit Lemmon besetzen, die komischen Alten Amerikas, sieh mal, der Jack oder der Walter spielen neuerdings Bösewichte, das hätte der Geschichte nicht gutgetan. Also Music Box hatte ich gespielt und Einstein er, das ist Gerechtigkeit. Ausgleichende!

Und Allen Arkin? Ich weiß nichts von seinen Gefühlen, aber ich denke, ich finde Gründe genug, daß er mir leid zu tun hat. Wahrscheinlich, weil er die Strapazen einer Drehbuchlesung auf sich genommen hatte, freiwillig, und gut soll er auch gewesen sein, wie soll man da nicht hoffen? Und bei mir? Da ist man beinahe so alt, wie Einstein im Film sein soll, geht zum Screen-Test, wie man es vor vierzig Jahren gemacht hat, kriegt die Rolle sowenig, wie man sie vor vierzig Jahren gekriegt hätte, nur ist man viel weniger verzweifelt. Ein alt gewordenes Kind geht mit den Schicksalsschlägen gekonnter um. Ja, wenn ich daran denke, daß mir das Gesicht drei Monate lang so rabiat umgestaltet hätte werden müssen wie beim Screen-Test, drei Stunden brauchte ich, um die Einsteinmaske aus meinem Gesicht zu reiben, die Gummifalten unter den Augen besonders, dann bin ich eigentlich erleichtert.

Ja, Fred Schepisi, du könntest ein Freund von mir sein, wäre ich aufgewachsen wo du, in Australien nämlich. So verbindet uns, mehr als Einstein, der Aftershock. Und du sagtest, das Erdbeben macht Feinde zu Freunden, jeder hilft jedem, wie die Heiligen. Aber dann unterbrachst du dich und sagtest, nein, nicht wie die Heiligen, den Heiligen traue ich nicht, aber den Freunden traue ich. Und ich wollte zum Thema Freunde was sagen, aber sagte nichts. Dein Sohn und deine Frau, gerade aus Sydney gekommen, standen plötzlich vor unserem Tisch, dein Sohn, zehn oder weniger, hatte verweinte Augen, deine Frau setzte sich einen Moment zu uns, dein Sohn versuchte, etwas abseits vom Tisch, seinen Schreck loszuwerden, und du sagtest, wenn das mit den Aftershocks so weitergeht, fliegst du morgen nach New York. Dann verschwanden deine Frau und dein Sohn, sie waren vom langen Flug müde, man sah sie von hinten und konnte es von ihren Rücken ablesen, daß sie lieber in Australien geblieben wären. Auf und ab, als sei man auf dem Rummel, dabei hat man einen riesigen Hotelbau über sich, der, so denkt man jedenfalls, von keiner Gewalt der Welt zu bewegen sei.

Die Sonnenuntergänge in Kalifornien, die Wolken am kalifornischen Himmel, ich sitze am Strand, vergesse meine Müdigkeit, der lange Flug ist vergessen. Die Wolken machen keinen Sinn an diesem Himmel. Ich blicke hinauf, nein, sie haben keine Chance, sich auszubreiten, der blaue Himmel will sie nicht. Am frühen Morgen haben sich manchmal genügend angesammelt, Störenfriede am Himmel, manchmal sind es so viele, daß man sich gar keine Sonnenbrille aufsetzt, die Wolken sind auch mal Sieger, um es dem ewigen Blau, der ewigen Sonne zu zeigen, aber kaum ist man eine halbe Stunde unterwegs, muß man die Augen wieder zu schmalen Schlitzen zusammenziehen, da ist sie wieder, die Sonne, schmerzend hell. Wo ist die Sonnenbrille? Und wo sind die Wolken? Die Wolken: unauffindbar verschwunden. Wie macht das der Himmel? Wohin versteckt er sie? Und dann am Abend. Der Sonnenuntergang. Da schieben sich Wolkenfetzen, Wolkenreste vor die rote Sonne, als kämen sie aus dem Meer. Waren sie im Meer versteckt, bei den Delphinen, den Seehunden, die selbst im schmalen Kanal zum Seglerhafen unterwegs sind, bei diesen Kobolden des Wassers, die ich für Taucher gehalten hatte, bis ich ihnen eines Tages beim Schwimmen direkt ins Gesicht blickte, nur Meter von mir entfernt, waren sie dort? Und dann wird einem klar, was geschehen ist: Nur für dieses gewaltige Ereignis waren sie versteckt, die Wolken am Tage waren nur Probe, Versuche, jetzt, beim Sonnenuntergang, haben sie ihren Auftritt, mit Glanz und Gloria, hurra, die Kobolde im Wasser, die Gaukler am Himmel, man ist klüger, als man dachte ...

Aber noch ist die Sonne hoch am Himmel. Es ist fünf Uhr nachmittags. Ich vermisse Gabi. Nach dem Flug vermisse ich sie besonders. Ich werde ihr ein Fax schicken: Gabilein, der Flug war gut. Aber ich vermisse dich sehr ...

Auch am Pier wieder Homeless people und natürlich Hunde.

Überhaupt, Hunde ...

Jeden Nachmittag, wenn ich am Strand spazierenging, sah ich einen Hund den Vögeln hinterherjagen, unermüdlich, leidenschaftlich, aber erfolglos.

Auch heute jagt er. Ich schaue ihm zu. Ich kenne den Hund bereits, er ist viereinhalb Jahre alt, sein Herrchen hatte es mir erzählt, sein Halsband klappert, die Zunge hängt ihm links oder rechts aus dem Maul, er kann nicht aufhören zu flitzen. Ein schlanker Flitzer. Sein Herrchen das Gegenteil. Ein (zu) dicker Mann, das Radio am Ohr, meist Sportnachrichten hörend, sitzend, wartet auf das freiwillige Aufhören seines flitzenden Hundes, aber ebenfalls erfolglos. Er würde die Nacht durchflitzen, wenn ich ihn nicht stoppen würde, er kennt kein Ende, sagte er.

Aber er fängt doch nie etwas, sagte ich.

Er hat Freude am Jagen, Sie hören ja, wie er beim Rasen jault, hoch und begeistert, dazwischen bellt er, hören Sie, in höchsten Jubeltönen, nichts kann ihn aufhalten. Mein Hund will mir zeigen, wie gut er ist, Sie sehen ja, beim Flitzen, sehen Sie, sehen Sie nur, sagte er, ein kurzer Blick zu mir, na, wie bin ich, will er mir sagen, ich bin die Nummer eins im Jagen. Er ist ein eigensinniger Flitzer. Ich liebe ihn.

Ihr Freund?

Der Hund? Garry? Der beste, den ich haben kann. Da kommt kein

Mensch mit. Tausendmal mehr wert. Nur, wenn er Mensch geworden wäre ...

Was dann?

Weil er so ehrgeizig ist. Dann wäre er wahrscheinlich Sumner Redstone geworden, sagte der dicke Mann.

Ich konnte mit dem Namen nichts anfangen, aber in Australien las ich ein Interview mit dem reichen Amerikaner Sumner Redstone, late-blooming billionaire, the number one in anything he did ... At 56, Sumner Redstone stared death in the face. Somehow reenergized, he bullied his way from being just another wealthy man to a media magnate on a level with Rupert Murdoch and Ted Turner. „My goal is to be number one", he said. „I would like to be number one in anything I did. I am not saying I can be. I am not saying I should be. I'm saying I would like to be."

In der Ausgabe waren die vierhundert reichsten Leute Amerikas aufgelistet, abgebildet, ich sah sie mir an, allesamt zufrieden aussehend, beeindruckt von sich selber, so schien es, wie Warren Buffet, the world's most successful investor, der auf dem Bild dem Betrachter einen Ball ins Gesicht wirft (Buffet, throwing out the first pitch at an Omaha Royals game), als hätte er ein Recht dazu. Wie würde sich Sumner Redstone fühlen, wenn er einem Homeless begegnete, wie ich gerade jetzt. Ein armer Schlucker, verkommen und verlottert, ein Pappschild vor die Brust haltend. In krakeliger Schrift: Vietnam-Veteran! Behindert! Habe Hunger! Nicht das Pappschild vor der Brust berührt mich, der Mann selber ist es. Einen Rest von Würde in sich, sitzt auf einer Bank am Pier, blickt die Vorbeigehenden nicht an, zu stolz, dennoch absehbar, Stolz kurz vorm Ende. Warum bin ich so sicher, daß er kein Gauner und Betrüger ist? Der ganze arme, auf den Hund gekommene Kerl, seine dreckigen Klamotten, seine kaputten Schuhe, wenn das überhaupt noch Schuhe sind, Sohlen so gut wie nicht vorhanden, er sieht so aus wie die Homeless people, die man überall in Los Angeles, in Hollywood trifft, aber seine Augen, kein Alkoholiker, kein Drogenabhängiger, das möchte ich schwören, klar und dunkel, intelligent und witzig, genauso sehen sie aus, genauso sehen sie an mir vorbei, diese Augen geben Auskunft über ihn. Ich gebe ihm fünf Dollar und weiß, es tut mir nicht gut, es ist nicht für mein Gewissen, nicht für mein

Wohlbefinden, es ist ein Reflex. Und wo ist der Reflex der reichen Hollywood-Gesellschaft? Was also würde der zufrieden lächelnde Sumner Redstone fühlen beim Anblick eines Mannes, der vielleicht auch erfolgreich hätte sein können, den aber das Schicksal auf die Gegenseite gestellt hat? Wie fühlt man sich mit mehreren Milliarden in der Tasche beim Anblick eines Gescheiterten, den nur noch ein Rest Würde zusammenhält? Führt die Distanz vom Homeless zum Milliardär wenigstens zur Nachdenklichkeit? Oder ist sie im Gegenteil der Maßstab für Wohlbefinden, für Zufriedenheit mit dem eigenen Leben? Und wenn nicht: Was wäre, wenn Sumner Redstone dreißig oder fünfzig Millionen Dollar nach Los Angeles brächte, eine Summe, die er noch nicht einmal bemerken würde, um etwas für die Homeless people zu tun?

Vielleicht sollten die Milliardäre, Henry Ross Perot eingeschlossen, etwas von ihrem vielen Geld den Homeless abgeben? Da sie alle beten, da sie es alle im Himmel so gut haben möchten, wie sie es auf Erden schon hatten, und da sie es alle zunehmend zur Macht hinzieht, in die Politik, am liebsten möchten sie Präsident sein, um das Leben auf Erden zu verbessern, wäre das doch eine sinnvolle Anlage. Sie dürften im Himmel durchaus mit einer Sonderbehandlung rechnen. Aber nein, es ist nicht so. Erst komme ich und noch mal ich, und dann immer noch ich.

wenn du aber gar nichts hast
ach so lasse dich begraben
denn ein recht zu leben lump
haben nur die etwas haben ...

Ich blicke die Post durch. Ein Brief von Anne Merrem, in roter Farbe, ein Rundbrief! Aus Atlanta. Sie erwartet ein Baby.

Vor etwa einem Jahr waren wir zu ihrer Abschiedsparty eingeladen: Anne Merrem und Edwin Moses verabschieden sich von Hollywood, sie gehen nach Atlanta und möchten sich mit einigen Freunden im Schatzi treffen, der Arnold-Schwarzenegger-Kneipe, so hieß es. Anne war jahrelang Arnolds rechte Hand gewesen, wenn ich wüßte, was rechte Hände tun, würde ich es hier beschreiben, aber ich weiß es nicht.

Wir gingen hin, Gabi wollte Edwin Moses sehen, den großen Hürdensprinter, viele Male im Fernsehen gesehen, ich weiß genau, wie er aussieht, sagte sie, und er ist lustig. Und lustig war er. Er und Anne luden uns nach Atlanta ein, er würde dort in die Wirtschaft einsteigen, um reich zu werden, sagte er, das sei Teil seines Planes. Er lachte und zeigte seine schönen Zähne, die vorne einen kleinen Schlitz zeigten, und ich dachte daran, daß Menschen, deren Vorderzähne ein wenig auseinanderstehen, besonders erotisch seien, etwas, das mir erfolgreich (von wem?) eingeredet worden war. Ich sah die schlanke und große Anne, die auch eine Läuferin ist, alle oder fast alle laufen in Hollywood, alle versuchen sich das ewige Leben an den Hals zu laufen, und sah den schlanken und großen Edwin und stellte mir vor, wie die Kinder aussehen würden, und wünschte beiden Glück. Arnold Schwarzenegger war auch gekommen, er hatte die Tochter von Ralph Moeller auf dem Arm, und die Fans scharten sich um ihn, und Edwin sagte, auf ihn blickend, er, Edwin Moses, sei auch berühmt, aber in Hollywood gäbe es Berühmtere als ihn, wieder ein Blick zu Arnold, deswegen gehe er nach Atlanta, da sei er der Berühmteste. Aber eigentlich sei er gar nicht scharf darauf, berühmt zu sein, im Gegenteil, er halte sich lieber in der zweiten Reihe auf, von dort läßt es sich besser beobachten, und beobachten kann man nur, wenn man selbst nicht beobachtet wird. Und wenn man richtig beobachtet, wird man nicht nur reich, sondern auch vernünftig. Anne denkt auch so. Und beide lachten. Und kommt uns besuchen, ihr seid gute Freunde von Anne, und gute Freunde haben bei uns immer einen Platz. Überhaupt, Freunde sind für uns das wichtigste. Wir haben sie überall auf der Welt, aber die meisten sind in Atlanta. Er gab uns die Telefonnummer, besucht uns, wir bitten dar um, und Anne wiederholte es noch mal, ja bitte, und wir wünschten beiden noch mal Glück. Für die zweite Reihe.

In Venice treffe ich meinen heiseren Afroamerikaner wieder, den von der Third Street, er hat sich wieder Themen vor die Füße, vor die Brust, vor den Kopf knallen lassen, er, der klügste Junge von Amerika. Schade, ich höre nur das Ende seiner Rede:

„... ich kann dir nicht das Wasser reichen, hat er mir gesagt. Was, sagte ich, du willst mein Freund sein und kannst mir nicht das Wasser reichen?

Allen, nur dir nicht, sagte er.

Du kannst mir nicht das Wasser reichen, sagte ich, weil du ein Schlappschwanz bist.

Ich ein Schlappschwanz? Ich kann aus dir Pudding machen, einen Three-penny-Pudding, Kartoffelbrei, Vanillesoße, mit einem Schlag, daß ich nicht lache, ich ein Schlappschwanz?

Du kannst mir nicht das Wasser reichen, weil ich hoch über dir stehe, du läßt mich lieber verdursten, als daß du es wenigstens versuchst. Außerdem trinke ich kein Wasser. Ich trinke Wein.

Dann bist du ein Verräter, sagte er, wir alle trinken Wasser, wer Wein trinkt, ist ein Verräter.

Ihr alle trinkt Wasser? Du Lügner, du erbärmlicher Pfaffe, mehr Affe als Pfaffe, ihr seid die größten Schlucker vor dem Herrn, und du willst mir erzählen, ihr alle trinkt Wasser? Geht mit eurer Kirche zum Teufel, du Pferdefuß, du Hinkefuß, du stinkende Kanaille. Die Politiker sind gegen euch Engel. Die Wahrheit gegen eine Welt, der mit dem kalifornischen Sonnenaufgang die Lügen dieser Pfaffen und Priester erscheinen ...

Und nun sehen Sie sich meine Freunde an, allesamt friedliche Schlucker und arme Schweine, ich habe nicht zwei, nicht fünf, nicht sechs, ich habe sieben Freunde: Montag, Dienstag, Mittwoch ... aber die Basis unserer Freundschaft ist Lüge und Verrat!

So, meine Damen und Herren, ich habe die Schnauze voll, aber meine Melone ist leer.

*Aus: „Unterwegs nach Hause", S. 131-144*

**79. REDNERPULT STOCKHOLM** INNEN/TAG

TM im Frack am Pult. Gross. Nobelpreis-Dankesrede. Ein wenig Hintergrund nach Fotovorlage oder Filmvorlage.

> TM
> Ich tue wohl daran, den Weltpreis, der mehr oder weniger zufällig auf meinen Namen lautet, meinem Lande und Volk zu Füssen zu legen, diesem Lande und Volk...

Freitag, 4. August 2000

Es ist die innere Triebkraft, die Aufwärtsbewegung, die Thomas Mann auszeichnet. Ich versuche, ihn mit einem Strich zu zeichnen. Es funktioniert nicht. Man muß ihn stricheln, von unten nach oben, der Mund, die Nase, die Augenbrauen, alles will nach oben, erst so entsteht Ähnlichkeit. Anders bei Heinrich. Ihn kann man mit einem Strich zeichnen. Bei ihm geht alles abwärts. Als ließen sich Abwärtsbewegungen leichter mit einem Strich festhalten. Es muß wohl so sein. Der Mund, die Augen, die Augenbrauen gehen nach unten. Als hingen Gewichte an Mund, Augen, Augenbrauen, bei ihm sollte es in der Reihenfolge richtiger heißen, die Augenbrauen, die Augen, der Mund. Ich stelle mir vor, beide fielen vom Schiff ins Meer, das Meer spielt bei Thomas eine wichtige Rolle, Heinrich würde nach unten, Thomas nach oben gezogen werden. Thomas gerettet, Heinrich ertrinkt. Es war ja auch so, Heinrich ist in Amerika ertrunken. Durch das Zeich-nen lerne ich beide besser kennen. Die vielen Abwärtsbewegungen bei Heinrich machen ihn mir sympathisch. Man möchte an seiner Seite stehen, ihn unterstützen, man spürt die Ungerechtigkeiten der Schicksale, warum so viele Abwärtsbewegungen?

*Aus: „Rollenspiel", S. 70-71*

## 24. AUTO AUF HOLLYWOOD-PARKPLATZ                    INNEN/AUSSEN/NACHT

Nelly und Mary im Auto auf einem Parkplatz vor der Hollywood-Canteen. Eine Mauer mit der Aufschrift und einem Pfeil. Hollywood Canteen. Einige Soldaten in Uniform. Sie winken den beiden zu.

---

DOKU 1:

Marlene Dietrich auf der Bühne. Sie singt das Lied von den "Boys in the backroom". Die leuchtenden Gesichter der Soldaten, dicht an der Bühne. An der Stelle "... and tell them I die" macht sie die Bewegung zum Kehlkopf und jodelt das "dieeeeh".

---

Nelly und ihre Freundin haben eine Flasche Rum, aus der sie abwechselnd trinken.

    NELLY
Marlene schwenkt die Jungs und verkauft das als Wohltätigkeit. Mir tät das auch wohl...

Freundin spielt etwas empört.

    MARY
Aber Nelly - Du bist doch verheiratet!

    NELLY
My husband is soooooohhhhhhhhald! Nur mal vorbeischaun! Ist doch noch keine Sünde! Wer die Uniform näht, darf auch mal prüfen, was da drin steckt.

---

DOKU 2:

Marlene Dietrich auf der Bühne. Sie singt immer noch das Lied von den "Boys in the backroom".

---

Der Song kommt aus dem Autoradio, wie bei einer Übertragung. Und Nelly zieht, wie Marlene, am Kehlkopf.

    NELLY
And tell them I criiiieeeehhhhh.

Die Manns III Version vom 04.05.2000

Ich zeichne verschiedene Posen der beiden, es ist immer dasselbe, versuche ich, Heinrich mit Aufwärtsstrichen zu zeichnen, mißlingt er, versuche ich Thomas mit strichen, mißlingt er mehr. Thomas Mann steht für Ordnung und Disziplin, ein Leben lang geht's mit dem Erfolg aufwärts. Heinrichs Erfolgskurve bog sich am Ende seines Lebens dramatisch nach unten ...

In einer Szene zwischen Thomas und Heinrich bat der Kameramann Gernot Roll, den Darsteller des Heinrich, Jürgen Hentsch, wegen der Spiegelungen in den Brillengläsern, ein Problem, das häufig auftrat, nach unten zu blicken. Hentsch wollte es entschieden nicht. Ich habe nie mit ihm darüber gesprochen, aber es war sicher ein Gefühl des Schauspielers, Gerechtigkeit herzustellen, sich gegen die Abwärtstendenz Heinrichs gegenüber Thomas zu wehren, ihm nicht aus filmtechnischen Gründen die Würde nehmen zu lassen. Thomas von oben anblicken, der gewöhnlich ihn von oben anblickte, das wollte er wohl. Das verleiht Heinrich Größe.

Thomas Mann sagt von Aschenbach in seinem Tod in Venedig, er konnte „dem Fortschwingen des produzierenden Triebwerkes in seinem Inneren, jenem „motus animi continuus" worin nach Cicero das Wesen der Beredsamkeit besteht ...", nicht Einhalt gebieten. Dieses „motus animi continuus" war es wohl, das Thomas Mann ein Leben lang aufrecht gehalten hat ...

*Aus: „Rollenspiel", S. 72-73*

*Armin Mueller-Stahl mit Ehefrau Gabriele und Sohn Christian Mitte der siebziger Jahre.*

# Armin Mueller-Stahl

Armin Mueller-Stahl wurde am 17. Dezember 1930 in Tilsit als drittes von fünf Kindern geboren. Sein Vater, Bankbeamter von Beruf, wurde kurz vor Kriegsende erschossen. Mueller-Stahl verbrachte den größten Teil seiner Kindheit in der Nähe von Königsberg. Sein älterer Bruder Hagen ging als Regisseur ebenfalls ins Filmgeschäft, seine Schwester Dietlind stand als Theaterschauspielerin auf der Bühne. Armin Mueller-Stahl ist seit 1973 mit Gabriele Scholz, einer Fachärztin für Hautkrankheiten, verheiratet und hat einen Sohn, Christian, geboren 1974, der ebenfalls Schauspieler und Regisseur wurde. Die Familie lebt vorwiegend in Los Angeles.

Nach dem Abitur studierte Mueller-Stahl, der ursprünglich Geiger werden wollte, am Städtischen Konservatorium in Ost-Berlin elf Semester Musikwissenschaft und Geige. Er beendete sein Geigenstudium mit dem Examen zum Konzertgeiger. 1949 schloss er sein Musikwissenschaftsstudium mit dem Examen zum Musiklehrer ab. Ein Jahr war er als Dozent tätig, bevor er in den Schauspielberuf wechselte. 1952 erhielt er ein erstes Engagement am Berliner Theater am Schiffbauerdamm, dessen Ensemble 1954 zur Berliner Volksbühne übersiedelte. 25 Jahre blieb er dort Mitglied, in klassischen Rollen ebenso versiert wie in modernen. Man sah ihn als Spitta in Gerhart Hauptmanns „Ratten", als Bruder Martin in Bernard Shaws „Die heilige Johanna", als Wurm in Schillers „Kabale und Liebe", als Mercutio in Shakespeares „Romeo und Julia".

Seine erste Filmrolle hatte er 1956 in „Heimliche Ehen" erhalten, doch erst der vierteilige Fernsehfilm „Flucht aus der Hölle" machte ihn 1960 einem breiten Publikum bekannt. Seiner Darstellung des Hans Röder in diesem politischen Abenteuerfilm verdankte er in der Folge wichtige Rollen in DEFA-Spielfilmen (uner anderm „Königskinder", „Nackt unter Wölfen", „Jakob der Lügner") und im DDR-Fernsehen. Insgesamt übernahm er rund 60 Hauptrollen in DDR-Produktionen, wobei er sich vor allem als Darsteller gebrochener Charaktere in Lite-

Stationen einer Künstlerkarriere: Armin Mueller-Stahl als junger Konzertgeiger, 1962 in „Königskinder" (Regie Frank Beyer) und 1981 mit Mario Adorf in Rainer Werner Fassbinders „Lola".

raturverfilmungen etablieren konnte, aber auch immer wieder in Genre-Filmen zu sehen war. Mueller-Stahl avancierte zum meistbeschäftigten und bestbezahlten Schauspieler der DDR. Zeichen seiner Anerkennung waren der Kunstpreis der DDR (1963) und der Nationalpreis 2. Klasse (1972). Außerdem wurde ihm der Orden „Banner der Arbeit" verliehen. Das Publikum wählte ihn fünf Jahre hintereinander zum „beliebtesten Schauspieler der DDR". 1975 wurde er zum DDR-Fernsehkünstler des Jahres gewählt.

Ende 1976 gehörte er in der DDR zu den Unterzeichnern der Resolution gegen die Ausbürgerung des Liedermachers Wolf Biermann; Rollen für ihn blieben von da an aus. Im Herbst 1979 erhielt er ein auf drei Jahre befristetes Ausreisevisum, im Janur 1980 übersiedelte er von Ost- nach West-Berlin. Seine Film- und Fernsehkarriere setzte er hier mit Erfolg fort. Allgegenwärtig war er in den 80er Jahren im Fernsehen, im Kino machten Rainer Werner Fassbinders „Lola"(1981) und Nikolaus Schillings „Der Westen leuchtet" (1981) ihn zu einem gefragten Charakterdarsteller. International renommierte Regisseure wie Patrice Chéreau, Andrzej Wajda, István Szabó, Bernhard Wicki verpflichteten ihn für große Produktionen. Er spielte unter der Regie von Agniezka Holland in „Bittere Ernte" (1985; 1985 als bester männlicher Darsteller beim Weltfilmfestival in Montreal ausgezeichnet), „Oberst Redl" (1985; Regie: István Szabó), in Alexander Kluges „Der Angriff der Gegenwart auf die übrige Zeit" (1985) und in dem TV-Film „Hautnah", der 1986 in Locarno wegen der schauspielerischen Leistung von Mueller-Stahl besondere Erwähnung fand. Er blieb auch in Westdeutschland ein Unangepasster, ein Einzelgänger, der seine künstlerische Unabhängigkeit wahren wollte.

Hollywood eroberte Mueller-Stahl 1989 mit seinem Amerika-Debüt „Music Box" unter der Regie von Costa-Gavras, in dem er einen ungarischen Emigranten verkörperte, dem – inzwischen Stahlarbeiter in Chicago – drei Jahrzehnte nach dem Hitler-Regime wegen Naziverbrechen in den USA der Prozess gemacht wird. Zum Oscar-Anwärter avancierte er 1990 als Sam Krichinsky in seinem zweiten Hollywood-Film „Avalon" von Erfolgsregisseur Barry Levinson. In der komischen Rolle eines aus Deutschland stammenden New Yorker Taxifahrers war er 1991 in Jim Jarmuschs „Night on Earth" zu sehen. „Erste Besetzung" war Mueller-Stahl nach Kritikermeinung auch als Vater Bronstein in Jerzy Kawalerowicz' Adaption von Jurek Beckers Roman „Bronsteins Kinder" (1990), der in deutschen Kinos 1992 anlief, ebenso wie in Steven Soderberghs „Kafka"-Film, in dem er den Inspektor Grubach spielte. 1992 bekam er für seine Darstellung eines auf Meißner Porzellan versessenen Barons im Film „Utz" des holländischen Regisseurs George Sluizer in Berlin den Silbernen Bären. Ein Jahr später kam er mit „Der Kinoerzähler" (nach dem gleichnamigen Roman von Gert Hofmann) in die Kinos.

Volker Schlöndorff verpflichtete Mueller-Stahl, der in Hollywood zum erfolgreichsten deutschen Schauspieler avanciert war, 1996 in der Rolle des Grafen von Kaltenborn für „Der Unhold", eine Verfilmung von Michel Tourniers Roman „Der Erlkönig", der sich mit dem Nationalsozialismus auseinandersetzt. Ein Jahr später gab er sein Debüt als Regisseur mit der Produktion „Gespräch mit dem Biest", für die er das Drehbuch schrieb und die Hauptrolle spielte, einen 103-jährigen Doppelgänger Adolf Hitlers. 1997 machte er in dem australischen Film „Shine" erneut auf sich aufmerksam und wurde als „bester Darsteller einer Nebenrolle" für den Oscar nominiert. In den USA trat Mueller-Stahl auch in einigen hochkarätig besetzten Action-Filmen auf.

Nach Lektüre seiner Stasi-Akte, in der er festgehalten fand, wie er bespitzelt und verraten worden war, äußerte er sich sehr kritisch über eine mögliche Rückkehr nach Deutschland, auch wenn er andererseits Hollywood als „weltfremdes Paradies, das einer Schöpfung aus dem Disney-Reich gleicht", bezeichnete. Neben der Schauspielerei und der Musik war ihm das Malen wichtig. Im Februar 2001 zeigte das Potsdamer Filmmuseum eine Auswahl von 100 seiner Gemälde, Aquarelle und Zeichnungen, die vorwiegend Skizzen und Porträts von Kollegen und Freunden zeigen.

Ein außerordentlich positives Echo unter den Kritikern rief im Herbst 2001 Heinrich Breloers Fernsehspiel „Die Manns – Ein Jahrhundertroman" hervor. Der Film zeichnete die Geschichte der Familie

Mann von den 20er Jahren bis zum Tod von Thomas Mann 1955 nach und stützte sich dabei vor allem auf die Erinnerungen der Tochter Elisabeth Mann-Borgese. Die Rolle des Thomas Mann, die Mueller-Stahl übernahm, hatte er selbst als schwierig eingestuft, da Mann seine Gefühle meistens verborgen und in sehr gedrechselten Sätzen gesprochen habe. Die Kritik bescheinigte ihm aber, dass er den Schriftsteller mit seinem Spiel sehr gut getroffen habe. Im März 2002 wurde er für seine darstellerische Leistung mit dem Grimme-Preis ausgezeichnet.

**Kinofilme (Auswahl)**

„Heimliche Ehen" (1956), „Fünf Patronenhülsen" (1960), „Königskinder" (1962), „Nackt unter Wölfen" (1963), „Tödlicher Irrtum" (1970), „Jakob der Lügner" (1974; 1977 Oscar-Nominierung), „Nelken in Aspik" (1976), „Die Flucht" (1977), „Lola" (1981), „Der Westen leuchtet" (1981), „Die Sehnsucht der Veronika Voss" (1982), „Die Flügel der Nacht" (1982), „L'homme blessé" (1983), „Eine Liebe in Deutschland" (1983), „Glut" (1984), „Tausend Augen" (1984), „Bittere Ernte" (1985), „Die Mitläufer" (1985), „Oberst Redl" (1985), „Der Angriff der Gegenwart auf die übrige Zeit" (1985), „Vergesst Mozart" (1985), „Momo" (1986), „Killing Blue" (1988), „Schweinegeld" (1989), „Music Box" (1989), „Das Spinnennetz" (1989), „Avalon" (1990), „Bronsteins Kinder" (1990), „Night on Earth" (1991), „Kafka" (1991), „Utz" (1992), „The Power of One" (1992), „Das Geisterhaus" (1993), „Der Kinoerzähler" (1993), „Der Unhold" (1996), „Shine" (1996), „Gespräch mit dem Biest" (1997; auch Regie), „Project: Peacemaker" (1997), „The Game" (1997), „The X-Files" (1998), „Tanger" (1998), „Jakob der Lügner" (1999; Remake), „The 13th Floor" (1999), „The Long Run" (2000).

**Fernsehfilme (Auswahl)**

„Flucht aus der Hölle" (1960), „Wolf unter Wölfen" (1965), „Das unsichtbare Visier" (1974/75), „Geschlossene Gesellschaft" (1978), „Die längste Sekunde" (1980), „Collin" (1981; 2 Teile), „An uns glaubt Gott nicht mehr" (1981), „Ja und Nein" (1981), „Sonderdezernat K1" (1981; ARD), „Ausgestoßen" (1982), „Flucht aus Pommern" (1982), „Der Fall Sylvester Matuska" (1982), „Ich werde warten" (1982; nach Chandler), „Hautnah" (1985), „Gauner im Paradies" (1986), „Auf den Tag genau" (1986), „Jokehnen oder wie lange fährt man von Ostpreußen nach Deutschland?" (1987; 3-Teiler; mit Sohn Christian Mueller-Stahl), „Tagebuch für einen Mörder" (1988), „Die Macht der Musik" (1991), „In the Presence of Mine Enemies" (1996), „Jesus" (1999), „Die Manns – Ein Jahrhundertroman" (2001), „Die Kreuzritter" (2002)

**Bücher**

„Verordneter Sonntag" (1981), „Drehtage" (1991), „Unterwegs nach Hause" (1997), „In Gedanken an Marie Louise" (1998), „Rollenspiel" (2001), „Venice" (2005), „Hannah" (2006), „Kettenkarussell" (2006)

**Biographien**

Gebhard Hölzl und Thomas Lassonczyk: Armin Mueller-Stahl. Seine Filme - sein Leben. München: Heyne 1992
Gabriele Michel: Armin Mueller-Stahl – Die Biografie. Ein intimes Porträt des großen Charakterdarstellers. München: List 2000
Ilona Kalmbach: Geiger, Gaukler, Gentleman, Fernseh-Porträt, 2001
Volker Skierka: Armin Mueller-Stahl. Begegnungen. Eine Biografie in Bildern. Berlin: Knesebeck 2002

## Auszeichnungen (Auswahl)

1963 Erich-Weinert-Medaille (Kunstpreis der FDJ)
1972 Nationalpreis der DDR zweiter Klasse
1975 DDR-Fernsehkünstler des Jahres
1985 Darstellerpreis beim Filmfestival von Montreal („Bittere Ernte")
1992 Silberner Bär („Utz")
1996 Oscar-Nominierung für „Shine"
1997 Berlinale Kamera für sein Lebenswerk
1998 Ehrendoktor des Spertus Institute for Jewish Studies, Chicago
2002 Bundesverdienstkreuz
2003 Adolf-Grimme-Preis für „Die Manns"
2003 Quadriga-Preis des Vereins Werkstatt Deutschland - „Deutscher des Jahres"
2004 Kulturpreis des Landeskulturverbandes Schleswig-Holstein e. V.
2005 Hansepreis für Völkerverständigung des Bremer Kulturvereins
2005 Festival Honors / eDIT Filmmaker's Festival
2005 Preis der DEFA-Stiftung für Verdienste um den deutschen Film
2006 Carl-Zuckmayer-Medaille des Landes Rheinland-Pfalz
2006 Schleswig-Holstein Filmpreis

## Quellen-Nachweise

Armin Mueller-Stahl: Hannah
©Aufbau Verlagsgruppe GmbH, Berlin 2004

Armin Mueller-Stahl: Venice
©Aufbau Verlagsgruppe GmbH, Berlin 2005

Armin Mueller-Stahl: Unterwegs nach Hause
©Aufbau Verlagsgruppe GmbH, Berlin 2005

Armin Mueller-Stahl: Rollenspiel: ein Tagebuch während der Dreharbeiten für den Film „Die Manns"
©J. Strauss Verlag GmbH 2001, Potsdam

# Carl-Zuckmayer-Medaille des Landes Rheinland-Pfalz

Die Ehrung wurde 1978 aus Anlass des Todestages des aus Nackenheim bei Mainz stammenden Schriftstellers Carl Zuckmayer gestiftet.
Die Auszeichnung würdigt besondere Verdienste um die deutsche Sprache und Verdienste um das künstlerische Wort. Medaille und Urkunde werden, in der Regel jährlich, vom Ministerpräsidenten des Landes Rheinland-Pfalz vergeben. Der Vergabe liegt die Empfehlung einer Kommission an den Ministerpräsidenten zugrunde, der die Entscheidung trifft. Die Kommission setzt sich zusammen aus der Kultusministerin/dem Kultusminister oder ihrem/seinem Beauftragten als Vorsitzender/Vorsitzendem, je einem planmäßigen Professor für Literaturgeschichte der Universitäten Mainz und Trier, einem Vertreter der Carl-Zuckmayer-Gesellschaft, einem Vertreter der Schriftsteller von Rheinland-Pfalz, dem Preisträger des Vorjahres und bis zu fünf weiteren Persönlichkeiten, die der Ministerpräsident nach freiem Ermessen berufen kann.

**Zusammensetzung der Kommission 2006:** Staatsminister Prof. Dr. Jürgen Zöllner (Vorsitz), Mainz, Thomas Brussig, Berlin., Petra Gerster, Mainz, Dr. Alexander Hildebrand, Wiesbaden, Ingeborg Hoffstadt, Mainz, Thomas Krämer, Urbar, Prof. Dr. Martin Lüdke, Frankfurt a. M., Prof. Dr. Franziska Schößler, Trier, Prof. Dr. Bernhard Spies, Mainz, Martin E. Süskind, Münsing.

**Bisherige Preisträger:** Günther Fleckenstein (1979), Werner Hinz (1980), Georg Hensel (1982), Friedrich Dürrenmatt (1984), Ludwig Harig (1985), Dolf Sternberger (1986), Tankred Dorst (1987), Günter Strack (1988), Hanns Dieter Hüsch (1989), Martin Walser, Adolf Muschg, André Weckmann (1990), Albrecht Schöne (1991), Hilde Domin (1992), Hans Sahl (1993), Fred Oberhauser (1994), Grete Weil (1995), Mario Adorf (1996), Katharina Thalbach (1997), Harald Weinrich (1998), Eva-Maria Hagen (1999), Peter Rühmkorf (2000), Mirjam Pressler (2001), Herta Müller (2002), Monika Maron, Wolf von Lojewski (2003), Edgar Reitz (2004), Thomas Brussig (2005), Armin Mueller-Stahl (2006)